MW01286260

𝒰n regalo de:

_____

𝒟edicado a:

_____

«𝒴 me buscarás y me hallarás»

𝒥eremías 29:13

CÓDIGO ÍNTIMO DEL ESPÍRITU SANTO

SECRETOS DE AQUELLOS QUE ALCANZARON CAPTURAR EL CORAZÓN DE DIOS

LEUYÍN M. GARCÍA

Editado por:

JANEZA I. PÉREZ

CÓDIGO
Íntimo
PUBLISHING

Código Íntimo del Espíritu Santo

© 2019 Edición revisada y aumentada Leuyín García. Reservados todos los derechos.

No se autoriza la reproducción de este libro ni partes del mismo en forma alguna, ni tampoco que sea archivado en un sistema de almacenamiento de información o transmitido por algún medio (electrónico, mecánico, fotocopia, grabación u otro) sin permiso previo de los editores.

Publicado por:

Código Íntimo Publishing

janeza.777perez@gmail.com

Diseño de cubierta: Jen.G Art & Janeza Pérez

Diseño interior: Janeza Pérez / 787.617.9123

Contacto de autor: Leuyín García

Navegantes de Tormentas Int. \ 787.920.5134

navegantedetormentas@hotmail.com

Todas las referencias bíblicas fueron tomadas de la Biblia Reina-Valera, revisión de 1960, a menos que se indique otra fuente.

ISBN 9781980568353

Categorías: Devocional. Vida cristiana

❦ Creado con Vellum

DEDICATORIA

*Dedico en primer lugar esta obra literaria a un amigo que cuando le
conocí mi alma quedó ligada, revolucionaste mi desorganizada
experiencia de vida y llenándolo todo en todo. A ti, que hoy puedo
llamarte mi mejor amigo, Espíritu Santo. A los regalos que el Eterno
me concedió; primero mi amada esposa Janeza, gracias por amarme
tanto y estar dispuesta a envejecer conmigo. A mi mejor amigo después
de Dios, mi hijo Yatniel. Tú, hijo mío, me ayudaste a comprender cómo
opera el amor de nuestro Padre Eterno. A mi amada madre Mirian
Rivera Vélez. Se dice que uno no escoge dónde nace, pero si me diesen
la oportunidad de escoger, te escogería a ti. ¡Los amo!*

RECOMENDACIONES

Pasión, entrega y compromiso son solo algunos de los adjetivos que puedo utilizar para describir la bendición que Dios me ha dado de poder tener un amigo como Leuyin. Donde quiera que voy declaro que las relaciones son el lenguaje del reino de los cielos. Es por esta hermosa relación que sin temor alguno puedo recomendar a todo lector que haga de este libro una parte fundamental de su crecimiento y desarrollo espiritual. En la primera parte del Salmo [73] dice: «*Pero en cuanto a mí, el acercarme a Dios es el bien*». El deseo del corazón del padre es tener lo más cerca posible a sus hijos. Cada oración de este libro está impregnada de una pasión por mantener viva la llama del Espíritu Santo en nuestra vida. Estoy convencido que al final de esta lectura tu vida jamás será la misma. La pasión y anhelo por estar en Su presencia será el motor que impulse tu vida a un nivel de intimidad y revelación.

Ps. Luis Roig

Pastor Rector Iglesia Cristiana Casa del Padre,

en Trujillo Alto, PR. Fundador del Instituto

de Desarrollo Familiar y de la Conferencia Salvemos PR.

A medida que leas las páginas de este libro querrás detenerte para dejar fluir tu devoción, su lectura te inspirará y llevará a una dimensión mayor de comunión y revelación. Códigos de intimidad con el Espíritu Santo será un instrumento poderoso para traer frescura, vitalidad y renovación a tu caminar diario con Dios hecho que transcenderá en todas las instancias de tu vida.

Rev. Jesus David Rodriguez
Pastor General de la Iglesia La Familia
del Rey en Carolina PR.

Jesús convirtió el agua en vino en Caná de Galilea (Juan 2), Juan lo llamó una señal. Jesús no transformó cualquier agua. Transformó el agua destinada para el rito religioso de la purificación judía. La señal que Juan quiere que veamos es que Jesús como el mesías enviado por Dios, vino a transformar la religión y la religiosidad en una experiencia viva, significativa, gozosa y sanadora. Si nuestra experiencia con la oración no es así, necesitamos, entonces, leer este libro. En vez de ofrecernos fórmulas, reglas nuevas y atajos, en Código Íntimo del Espíritu Santo, Leuyin García nos invita a tener un nuevo (para nosotros pero antiguo y original pues viene de la Biblia) enfoque. Tengo el privilegio de conocer a Leuyin hace muchos años y puedo dar fe de que él y su esposa son gente de oración, sin ser personas religiosas. Soy fiel creyente de que la oración, antes de cambiar las circunstancias, te cambia a ti. Le invito a ser desafiado e impactado por este tan necesitado libro para la Iglesia de este tiempo.

Rev. Rafael Torres Zacour
Pastor General de la Iglesia Renuevo
Justo en Humacao, P.R.

ÍNDICE

PRÓLOGO

$\mathcal{S}$iempre he sido defensor de la idea que buscar a Dios no debe ser una carga, ni tampoco algo aburrido, ni apesadumbrado. Creo que Dios es absolutamente alegre, y sin perder la perspectiva de la reverencia que exige estar frente a su presencia, temo que muchos cristianos no gozan de tener acceso a una relación con Dios que refleje esa parte de su carácter. Cuando Jesús describe la acogida de éxito de los siervos que obraron bien con sus talentos o minas, les dice: «entra en el gozo de tu Señor» (Mateo 25:21).

La lista de ideas que interrumpen la vida devocional es incansable, la religiosidad y las imposiciones de la misma, cosas que Dios no exige, pero el sistema de pensamiento religioso afirma que son su voluntad, llevan a la gente a vivir de forma sombría y sin entusiasmo por la búsqueda de Dios. La gente vive un evangelio de penitencias y sacrificios. Esto no debe, ni puede continuar así en ninguna persona que ha decidido buscar a Dios. Creo que este libro ofrece alternativas y herramientas para suprimir esas interrupciones.

Cuando conocí a Leuyín, en uno de nuestros viajes misionales a

Cuba, pude ver un joven alegre y lleno de Dios. Un predicador con dominio de la Palabra y al mismo tiempo con un corazón compasivo y empático hacia lo que sienten la gente a su alrededor. La vida de un predicador fuera del altar dice más que la unción que se demuestra mientras está predicando. Esto habla de cuanto ese mensaje realmente tiene efecto en el mensajero. Leuyín vive este mensaje y su gozo por el mismo es contagioso. Nuestra amistad es un testimonio real de la afirmación anterior, pues vivo apasionado por Dios y disfruto de estar con gente que se rejuvenece día a día. No me gusta estar con los que critican, sino con los que levantan a otros llevando esperanza y alegría con su vida y su mensaje. Creo que el libro que tienes en tus manos, lleno de historias muy parecidas a las que uno puede enfrentar, es un libro lleno de esperanza. Como lector te llevará a acercarte a tu Padre Celestial con expectativa de atrapar el brillo de su alegría para rejuvenecerte en tu vida devocional. Las herramientas son reales y algunas parecerán tan simples pero no se trata de demostrar la grandeza de las mismas, sino la necesidad que tenemos de cambiar perspectiva que nos lleven a rejuvenecernos en nuestra devoción a Dios. Mientras lees, prepara tu corazón para aprender y dejar la frustración de tu búsqueda de Dios.

Apóstol Tito Cabán

Iglesia Avance Internacional

Camuy, Puerto Rico

INTRODUCCIÓN

De seguro al tener un acercamiento inicial al título de este libro, puede que piense está dirigido únicamente a explicar la obra y caracteres del Espíritu Santo, pero mas que hacer una teología abstracta, pretendo con pasión genuina visitar aquello profundo del amor de Dios, regalado por medio de Cristo; brindándonos libre acceso a su presencia y la oportunidad de capturar la atención del ser más maravilloso del universo, él Espíritu Santo.

Si eres de aquellos que mantienen una relación con Dios, a pesar de los afanes de este mundo, debes haber sentido frustración en alguna etapa de tu vida al darte cuenta lo difícil que resulta cultivar una vida de oración y devoción a la altura del mandato de permanecer *"...constantes en la oración..."* (Romanos 12:12).

Es de saber que para mantener una relación íntima con Dios, es necesaria una vida de oración estable, ahora, ¿Cómo definimos una vida de oración estable? Primero permítame citar las opiniones acerca de la oración y la persona del Espíritu Santo de algunos grandes personajes de fe en la historia:

Crónicas de Intimos

'Si el Espíritu Santo se retirase de la iglesia de hoy, el noventa y cinco por ciento de lo que hacemos seguiría y nadie apreciaría la diferencia.'

— A.W. TOZER

'En la oración es mejor tener un corazón sin palabras, que tener palabras sin un corazón.'

— JOHN BUNYAN

Es notable que todo hombre o mujer de fe que dejaron huellas en la historia, entendían que la oración era vital y parte esencial de su éxito; comprendían que una relación saludable con el Espíritu Santo despertaría abismos de manifestaciones, valentía y tenacidad en el ser de aquellos sedientos que anhelen ir más profundo con Dios, ¡De eso se trata! Anhelar ir más profundo en Dios, todo gran avivamiento, toda manifestación prodigiosa, todo portento sobrenatural, comenzó con eso, ¡Sí eso! Alguien inconforme con la forma en que el cielo abrazaba la tierra; que exclamase como el profeta Isaías *"¡Oh, si rompieses los cielos, y descendieras!"* (Isaías 64). Alguien expectante de la descodificación de tesoros escondidos exclusivos del corazón de nuestro Padre Eterno los cuales no todos conocen, ni han escuchado, ni han visto, levitantes en espacios celestes más allá de la comprensión humana. Es por tal razón que a nuestra humanidad le es tan complicado mantener una relación estable con el Espíritu Santo, pues en su manifestación como persona, Él mismo se entristece, se apasiona y se decepciona de corazones que buscan sus manos y no su esencia, sus beneficios y no su amistad.

Por tal razón no pretendo definir en este libro el todo de la oración, ni a su vez el todo de cómo vivir una relación a plenitud con el Espíritu Santo; mas bien, anhelo, usándome de retazos devocionales, conceptos bíblicos interpretados con responsabilidad y humildad, en acuerdo de oración junto a usted; detonar el deseo a la posibilidad de tener un encuentro más profundo con el Espíritu Santo.

En una jornada de dieciséis años estudiando este tema, Siempre tuve esta pregunta en mi mente ¿Cómo orar y vivir, de modo que atrape la atención de Dios? Tal vez usted tenga una respuesta rápida como: ¡De rodillas! ¡De seguro el corazón de Dios se conquista de rodillas, por el sacrificio que haces! , pero ante esto me topé con una expresión dicha por el salmista en la palabra de Dios:

> «*Porque no te deleitas en sacrificio, de lo contrario yo lo ofrecería; no te agrada el holocausto. Los sacrificios de Dios son el espíritu contrito; al corazón contrito y humillado, oh Dios...*» (Salmo 51:16-18 Rv. 60).

Por eso debemos comprender que la oración, va más allá que una postura, va más allá del como lo haces, si de pie, o rodillas, o acostado, o si en la madrugada o en la noche; es más una postura del corazón; pues tendremos personas con sus rodillas en el suelo, pero con corazones de pies enaltecidos, de pies en clamor, pero con sus corazones en el suelo sin esperanza, acostados o sentados meditando, pero con corazones inquietos, sin paz, por eso el orar es más que una postura del cuerpo, es una postura del corazón.

Nos frustramos, a su vez, con pesadas exigencias en nuestros círculos de fe; me refiero a cuando no podemos alcanzar los niveles de esos mega espirituales ministros que alardean de sus largos periodos de oración, ante esto, La frustración nos visita, nos sentimos malos siervos y tendemos a auto flagelarnos espiritualmente. A raíz de esto, debes haberte formulado alguna de estas preguntas en algún momento. ¿Será posible ser una persona constante en la oración? ¿Cómo agradar más el corazón de Dios? ¿Cómo puedo orar por largas horas, sin sentirme apesadumbrado? ¿Cómo cuido mi relación con el Espíritu Santo? Si te has hecho alguna de estas preguntas, permíteme decirte que es muy común, te garantizo que con humildad trataré de responderlas en este libro. Una realidad que no podemos ignorar es que nuestro sistema de vida se ha complicado tanto que parece no haber espacio para Dios. Hay momentos donde vivimos la experiencia del camello. Me explico, Los camellos en oriente medio son un método de transporte principal, cuando el camello lleva a su destino a su ocupante, es obligado a arrodillarse para despojarse de la carga que lleva y descansar. Tristemente nuestro tiempo de oración muchas veces resulta ser como la experiencia del camello; nos arrodillamos a entregar la carga cuando algo nos obliga. Si nuestra vida de oración es regida por segmentos donde una crisis me aviva a orar, jamás podremos sostener una intimidad estable con el Espíritu Santo, es necesario que la oración se convierta en un ejercicio tan natural como respirar.

Código Íntimo del Espíritu Santo no busca ser un catálogo más acerca de qué es la oración, o una guía mecánica de intercesión y guerra espiritual. ¡No!, más bien busca, a través de reflexiones y consejos, ayudar, impulsar, equipar y abrir la posibilidad de un arsenal de experiencias con la persona del Espíritu Santo. Es por esto que comparto un código, principios y experiencias que nuestro Señor Jesucristo me ha descodificado a mi vida devocional por más de quince años.

Es imprescindible que tomes estos escritos con delicadeza pues compartiremos principios que te ayudarán a detonar el deseo de estar a solas con el Espíritu Santo. Hemos rogado al Eterno que lo único que te distraiga de esta lectura sea una invitación del Espíritu Santo a dialogar con Él. Puede que mientras leas tengas una sensación de paz en tu espíritu. ¡Atento!, esa es una invitación de nuestro Rey Eterno para entrar en sus recámaras, ¡No la desaproveches! Por esto hemos orado, para que tu experiencia en la lectura de *Código de Intimidad* sea inusual y Dios irrumpa activando el manantial de ríos de agua viva dentro de tu ser. Nuestro Dios está deseoso de tener tiempo a solas contigo y revelarte el código que poseen todos aquellos que han atrapado su atención. De seguro tu corazón arde como arde el mío mientras escribo, así que permíteme invitarte a que antes de comenzar esta lectura hagas esta oración conmigo:

Padre Eterno, tú has permitido que este libro llegue a mis manos, te ruego lo uses para completar en mí todo lo que has comenzado, déjame entender en línea con tu Espíritu todos los principios que en él se enseñan y permíteme ser uno o una con el sentir que tu plasmaste en el autor, cuídame de abandonar la lectura sin recibir todo lo que tienes para mí en este libro y ayúdame a encontrar el perfume correcto para crearte más placer cuando me acerco a ti, en el Glorioso nombre de Jesucristo, Amen.

CRÓNICAS DE UN
Íntimo

«CUANDO DIOS NECESITE UN LÍDER
CON DOMINIO ESCÉNICO LO
LOCALIZARÁ ENTRE ASNAS; MAS
CUANDO NECESITE UN ÍNTIMO
LO BUSCARÁ ENTRE OVEJAS.»

#CODIGOINTIMO

COMPARTE EN:

EL CÓDIGO DEL QUEBRANTO

CAPÍTULO I

«Fueron mis lágrimas mi pan de día y de noche, mientras me dicen todos los días: ¿Dónde está tu Dios? Me acuerdo de estas cosas, y derramo mi alma dentro de mí; de cómo yo fui con la multitud, y la conduje hasta la casa de Dios, entre voces de alegría y de alabanza del pueblo en fiesta» (Salmos 42:3,4).

«Pero estando él en Betania, en casa de Simón el leproso, y sentado a la mesa, vino una mujer con un vaso de alabastro de perfume de nardo puro de mucho precio; y quebrando el vaso de alabastro, se lo derramó sobre su cabeza» (Marcos 14:3).

«Entonces María tomó una libra de perfume de nardo puro, de mucho precio, y ungió los pies de Jesús, y los enjugó con sus cabellos; y la casa se llenó del olor del perfume» (Juan 12:3).

Quiero compartir mi experiencia devocional, sabiendo que Dios está lo suficientemente alto como para que tenga que mirar hacia arriba, y está lo suficientemente bajo como para tomar las lágrimas de mi angustia. Sólo unas semanas del nacimiento de mi hijo habían pasado; y aún me acostumbraba a la idea de ser padre. Cuando toda aquella alegría se tornaba en sorpresa e incredulidad, estábamos en el hospital pediátrico con el niño y su doctora me indicó que tenía una deficiencia respiratoria; que iba restando lentamente la capacidad de mi niño de utilizar sus pulmones, y el desenlace sería la muerte. ¿Muerte? me dije: —si él acaba de llegar—.

Ante la devastadora noticia se le comunicó la situación a todos, excepto a Yelissa su mamá. Sin saber cuántos entendían la gravedad de la situación recurrí a mi única esperanza, (Elohim), ¡mi Dios Creador!. La oración era la clave, pero esta vez no sólo oraría, sino que conocería mi error al orar. Mi primer impulso fue el que todos siempre tenemos, la oración de avivamiento. ¡Padre mío, reclamo tu promesa, que por tus llagas mi hijo ya fue sanado!. Pero no recibí respuesta y el niño empeoró. Regresé a orar, ahora la oración de reclamación. ¡Señor necesito que te des cuenta que soy yo el que te lo está pidiendo, tú me conoces, soy yo!. Pero la respuesta fue que Yeniel empeoraba. No entendía qué estaba faltando. De rodillas con mis ojos llenos de lágrimas y enojado con Dios que no me respondía, pasé a la oración de resumé o de hoja de vida. «¡Mira Dios, necesito que recuerdes todo lo que he predicado, a dónde he viajado, cuántas almas se han salvado, a todos los que he ministrado!» ¿O es que acaso tú no sabes lo que he sacrificado en mi vida por ti? «¡Sólo necesito un milagro, uno solo!». Entonces, regresó el silencio y la condición crítica de mi hijo. Cuántas preguntas sin respuesta y un Dios que no me escuchaba. Aun así, regresé a la fórmula, esta vez la oración de súplica. «¡Dios mío, Padre de mi ser, por favor ya no sé qué más hacer; haz el milagro por favor!». Y ya casi sin aliento propio se repetía la situación, silencio y la gravedad de Luis Yeniel, provocó que Yelissa se diera cuenta que el niño estaba muriendo y ahora el marco era peor, enfrentar la desesperación propia y sostener a su madre en medio de su crisis. Ya sin fuerzas, con muy poca esperanza y sin entender por qué estaba allí otra vez, de rodillas con el corazón en la mano, listo a realizar la oración de la rendición dije: ¡amigo mío, tú sabes qué es mejor, entonces ya no puedo hacer otra cosa que rendirme. Haz lo que quieras y yo te amaré y te serviré igual. Gracias por el tiempo que me diste a Yeniel!. Si, otra vez estaba en silencio. Aquella noche no terminaba, pero la mañana siguiente fue inolvidable. ¡Yeniel estaba sano!, Él había respondido, el milagro fue hecho. Entonces comprendí lo equivocado que estaba. La oración no es solamente avivamiento, reclamación, resumé o una hoja de vida, no es súplica, simplemente de los altos cielos y descenderá a tu lado para secar las lágrimas que derramas en medio de tu tormentosa angustia. la oración es rendición. Rinde tu vida en oración al Dios de los altos cielos y descenderá a tu lado para secar las lágrimas que derramas en medio de tu tormentosa angustia.

– Dr. Luis Rodríguez

∾

DERRIBANDO CONCEPTOS ERRADOS

*U*na de las herramientas que el Espíritu Santo le ha entregado al creyente, es la capacidad de quebrantarnos devocionalmente; no es fácil activarlo, pero cuando esta práctica forma parte de tus momentos íntimos con el Señor; resulta ser poderoso y estabilizador. Antes de profundizar en este pilar devocional, me es necesario derribar algunos conceptos establecidos en otras esferas. ¿Ha escuchado alguna vez la expresión, pídele a Dios que quebrante tu vida? Si aún no la ha escuchado es posible que haya sido expuesto a cánticos alusivos a esta expresión.

Esta práctica aumentó, dada la cantidad de enseñanzas relacionadas a interceder con autoridad, usando palabras específicas, términos para atar y desatar (que sin incurrir en los excesos, tiene sus momentos de uso). Se enseñó orar con autoridad y a profetizar sobre tu circunstancia, como si Dios tuviese la obligación de someterse a nuestros caprichos; desplazando el acercamiento a Dios con sumisión y humildad. Reclamamos ante Dios que quite, rompa, quebrante y cambie en nuestras vidas; pero la realidad es que esto no se presenta cuando pedimos, se presenta en nuestras vidas cuando entregamos.

Es importante recordar que Dios nunca violenta tus derechos de voluntad, nunca tomará lo que tú no le entregues. Por tal razón la expresión 'quebrántame', no es la postura que Dios espera al momento de querer que tu ministres a su corazón. ¡Claro! No pretendo desvirtuar las experiencias adquiridas al ser ministrados por estas canciones que incurren en esta petición, sólo busco descodificar un pilar espiritual y pretendo hacerlo con esta simple expresión –*Dios no quebranta nuestra vasija, la quebramos nosotros mismos*–. Se ha enseñado mucho acerca de este tema y cabe la posibilidad de que usted esté empapado del mismo, y si es así, puede que el principio que compartiré sea muy útil a tu tiempo devocional con el Espíritu Santo.

Las oportunidades de rendición y quebrantamiento no sólo aparecen como un proceso de dolor, no solamente se experimentan cuando alguien tiene una conducta altiva o pecaminosa. Es un recurso de Dios que nos pone en la postura correcta al acercarnos al omnipotente; es un mapa a la rendición y entrega que nos dejará disfrutar la plenitud del Espíritu Santo.

Amado lector, sé que con el primer punto, debí sacudir algunas estructuras teológicas, pero si le obsequia un poco de tiempo y paciencia al capítulo, me explicaré. Cabe señalar que a modo metafórico. Dios nos llama vasijas o vasos, el apóstol Pablo señala:

«Pero tenemos este tesoro en vasos de barro, para que la excelencia del poder sea de Dios, y no de nosotros,» (2 Corintios 4:7 RVR 1960).

Definamos que son vasijas o vasos para brindar amplitud a esta enseñanza.

«*Vasija*» es una pieza cóncava y pequeña de barro u otra materia y de forma común u ordinaria, que sirve para contener especialmente líquidos o cosas destinadas a la alimentación.

Esta definición me fascinó, pues resalta el propósito de la vasija (*sirve para contener y preservar algo en su interior*). He explicado en algunos de mis sermones la intención del apóstol cuando usa esta analogía. El apóstol Pablo conocía el método que los sacerdotes habían utilizado para preservar los papiros de la Palabra de Dios y sus ordenanzas. La vasija de barro, aunque era un material quebrantable e imperfecto (a diferencia de las urnas forjadas en oro, bronce o plata), tenía la capacidad térmica de preservar y contener los rollos de la Palabra (Torah) de Dios en su interior. Por eso expresa en su carta *vasijas de barro*; no de oro, no de plata, ni de bronce ¡Barro!. Una materia quebrantable a diferencias de las otras, con imperfecciones, pero aún así, perfecta para guardar los tesoros del reino de Dios en su interior. De igual forma Dios guardo los tesoros de su palabra en nuestros corazones pues aunque somos quebrantables e imperfectos como la vasija de barro; somos perfectos para contener la palabra de Dios en nuestro interior.

Con esto el apóstol presenta que un Dios perfecto manifiesta su perfección a través de nuestra imperfección, o sea, *tesoros en vasos de barro*. Tal vez en alguna ocasión has elevado una oración diciendo: *¡Dios, rompe mi vasija, o quebrántame!* Y Dios ha conocido la sinceridad de tu petición, pero debemos recordar que la obra de Dios es perfecta en nosotros. Por eso mi primer punto establece que Él no rompe o quebranta la vasija, nosotros la rompemos o la quebramos.

Dios siendo perfecto, manifiesta su perfección a través de nuestra imperfección.

Para aterrizar el concepto, analicemos el verso que siempre se ha usado para enseñar que pidamos en oración que Dios quebrante nuestras vidas:

«Palabra de Jehová que vino a Jeremías, diciendo:
levántate y vete a casa del alfarero, y allí te haré oír
mis palabras. Y descendí a casa del alfarero, y he aquí
que él trabajaba sobre la rueda. Y la vasija de barro
que él hacía se echó a perder en su mano; y volvió y la
hizo otra vasija, según le pareció mejor hacerla.
Entonces vino a mí palabra de Jehová, diciendo: ¿no
podré yo hacer de vosotros como este alfarero, oh
casa de Israel? dice Jehová. He aquí que como el barro
en la mano del alfarero, así sois vosotros en mi mano,
oh casa de Israel» (Jeremías 18:1-6).

Me gusta como la versión Reina Valera del sesenta (RVR1960), explica la experiencia de Jeremías en la casa del alfarero. Éste presenta algo muy importante; –*la vasija se echó a perder en sus manos*–. Por otra parte, la versión nueva traducción viviente

(NTV) interpreta el texto de esta forma: «*pero la vasija que estaba formando no resultó como él esperaba, así que la aplastó y comenzó de nuevo*». La versión Reina Valera del sesenta (RVR1960), se encarga de entrelazar, a mi entender, más el concepto al propósito divino. No es que estando ya completa la rompió y tomó sus pedazos para volverla a hacer. ¡No! Lo que realmente señala es: «*ella misma se echó a perder en su mano y él la deshizo e hizo una nueva*». Las sagradas escrituras nos presentan dos estados de las vasijas, que simbólicamente representan nuestro estado espiritual:

1. Cuando están recibiendo forma sobre la rueda.

2. Cuando están en uso; por ser vasijas terminadas.

La que está sobre la rueda, o sea, en manos del Alfarero Eterno en proceso de formación, no tiene capacidad de contener nada en su interior, porque está en formación; no está en un estado estable y sólido, por tanto no puede contener ni preservar ningún líquido o algún sólido pues su estado es inestable.

Son dos estados, uno que implica formación y otro, finalidad. El estado completo o ya completado como vasija, no será cuando estemos en el cielo, será cuando tengamos la capacidad para contener un depósito de Dios en nuestro interior. Según lo que presenta Pablo ya Él (**Dios**) puso su tesoro en «*vasijas de barro*». Ahora la vasija en formación, o sea sobre la rueda, cuando no toma la forma que Dios quiere y se deforma; Él la volverá hacer. Mas cuando Dios ya termina obras en tu vida, no las romperá. Pues todo lo que Dios hace es perfecto. ¿Cómo el querrá romper algo que hizo perfecto? Entendiendo esto podemos conectarnos con la porción bíblica reflexiva al pie de este capítulo.

Miremos a María, quien ungió a Jesús para su sepultura en Betania; en un acercamiento con detenimiento al texto, notará que ella no pone la vasija de perfume en las manos de Jesús y le dice –¡rómpela Jesús, para que se riegue el perfume, y te sientas agradado– ¡No! Maria quería cumplir con el deseo de Dios en el momento mas critico del ministerio terrenal de Jesús y ella misma tomó su vasija ya terminada que contenía un perfume muy caro y la quebrantó a los pies de Cristo. María misma la quebró para ungir a Jesús, este evento en lo íntimo de María y Jesús, descodifica a nuestro corazón un pilar espiritual poderoso y es que cuando Dios nos está dando forma y nos deformamos, Él deshace, para volver a hacer. Pero cuando ya somos vasijas con perfume, nosotros mismos nos quebrantamos para ministrar a la presencia de Dios.

Cuando Dios nos está dando forma y nos deformamos, Él deshace, para volver a hacer. Pero cuando ya somos vasijas terminadas con perfume en el interior metafóricamente hablando, nosotros mismos nos quebrantamos.

Todos en algún momento hemos necesitado un resurgir devocional, al madurar nuestro aceite espiritual se acomoda y resulta algo dificultoso y extenuante alcanzar una oración de rendición; hago mención de momentos donde quieres hacer la oración correcta que mueva el trono de Dios pero hay una barrera que no te deja encontrarla, cuando quieres llorar a solas con el Espíritu Santo, pero las cascadas de tus ojos están cerradas y aunque quieres humillarte en su presencia no sabes como expresarlo. Hay instantes donde debes abrir tu corazón expresándole a Dios tu realidad y quebrantarte aceptando que aunque delante de los hombres luces como una vasija terminada; tienes grietas, solo así lo mejor de nuestro interior saldrá para no sólo perfumar a Jesús, también a todo lo que nos rodea.

Posiblemente en este instante pienses que la Biblia enfatiza que el que se enaltece de repente le llegará el quebranto; así está establecido para el que se enaltece, pero le recuerdo que las vasijas que pretendo establecer en este escrito son; vasijas que están en las manos de Dios, o que fueron completadas por Él.

Dios usa diversos elementos para que alcancemos la oración de rendición y el quebranto devocional y así posicionarnos en la postura correcta. No viendo a Dios como un ser sometido a mis demandas, más bien como un Padre al cual sus hijos estamos sometidos a su voluntad. No nosotros en nuestros tronos con Dios a nuestros pies, más bien Dios en su trono y nosotros a sus pies como bien hizo María.

～

COMO DERRAMAR NUESTRA ALMA

Ciertamente hay momentos donde quebramos nuestra comodidad espiritual con lágrimas. Las lágrimas en la presencia de Dios son más que un fluido que brota de tus ojos en respuesta a una emoción. El salmista las presenta en los textos base como alimento para el alma:

«...fueron mis lágrimas mi pan de día y de noche».

Es preciso que dentro de nuestro tiempo devocional haya momentos donde no sólo nos acerquemos con canastas vacías para que Dios las llene, de igual forma debemos presentarnos con canastas llenas de lágrimas de amor y rendición ante Él. En ocasiones Dios permite situaciones adversas como la enfermedad, conflictos maritales, escasez económica, conflictos familiares y otros, para empujarnos a quebrantos devocionales. Causando que nuestra oración tome un tono diferente.

Como bien fue presentado en el testimonio reflexivo al pie de este capítulo, habrán momentos donde no recibirás respuesta a tu oración usando la vara de autoridad, ni aún con la llave para abrir y cerrar, ni atando y desatado; más bien recibirás respuesta con una actitud de sujeción a su voluntad.

Aunque es muy cierto que Dios usa esto, no es el todo de lo quiero presentar en este capítulo. No quiero solamente enfatizar en momentos donde algo exterior nos empuja a quebrar la vasija, sino cuando por amor y rendición, la auto-quebramos.

Por eso el salmista continúa diciendo: «*Me acuerdo de estas cosas, y derramo mi alma dentro de mí*». (Salmos 42:4). Note que el salmista no dice: *Dios derramó mi alma*, él dice: *–¡Derramo mi alma dentro de mí!* –indicando que a los que les toca quebrar la vasija para derramarse es a nosotros mismos. Algunas personas agraciadamente, se les hace sumamente sencillo llorar y humillarse cuando intiman con el Espíritu Santo. En su mayoría personas que son vasijas sobre la rueda, o sea incompletos, se encuentran sensibles al quebranto y le es fácil quebrantarse así mismos. Pero otros, que el perfume se ha asentado dentro de ellos, y esto le ha dado solidez a su vasija espiritual, no encuentran cómo derramar el perfume que reside en su interior.

AUTO QUEBRANDO NUESTRAS VASIJAS

Hace un tiempo mientras oraba, le decía al Señor lamentándome:

–¡Señor! ¿Qué me pasa? hace mucho no puedo llorar en tu presencia–, e insistí diciendo:

–*¡Quebrántame! necesito eso tan especial que sucede cuando lloro delante de ti, eso que hace sentir mi ser lleno hasta rebosar–*.

Recuerdo que estuve por un largo período en oración y nada, no podía humillarme y llorar como acto de rendición ante Él. Hay temporadas espirituales donde necesitamos sentir los mimos De

Dios; su consentimiento, como aquella madre quien abraza a sus hijos con ternura. Si bien, es necesario aclare; el llanto en señal de humillación limpia y renueva tu interior haciéndote sensible para poder así escuchar al Espíritu de Dios. Por esto Jesús dijo:

«Bienaventurados los que lloran porque ellos recibirán consolación.» Mateo 5:4 (RVR 1960).

También Jehova Dios dijo por boca del profeta Isaias:

«Como aquel a quien consuela su madre, así os consolaré yo a vosotros, y en Jerusalén tomaréis consuelo.»
Isaías 66:13 (RVR1960)

Debo confesar que por un tiempo mis momentos devocionales se tornaron en un período de insatisfacción espiritual. Hasta una ocasión pensé que Dios no me escuchaba. Usaba la fe al acercarme, pero todavía anhelaba tener un momento donde con lágrimas me rindiera a la gloriosa merced del Espíritu Santo.

Una mañana de oración, el Espíritu Santo me guió a este verso antes presentado del Salmo 42:4, y me iluminó en él, diciendo a mi corazón:

—*El acercamiento en lágrimas lo produce tu ser. Yo no quebranto tu vasija emocional y espiritual, tú mismo la quebrantas para perfumar mis pies–.*

Le pregunté a mi Señor: –¿Cómo lo hago? me he arrodillado, he puesto mi rostro en tierra y nada–.

Me contestó al corazón: —*Trae a memoria lo que enlazó tu corazón a mi corazón–.*

Noté algo que no había visto en el verso antes mencionado. El salmista antes de decir: «*derramo mi alma*», dice, «*me acuerdo*»; o sea su estrategia para derramar su alma o en otras palabras quebrar su vasija; fue recordar. En ese momento, donde tal vez, estaba endurecido por las experiencias que vivía, para romper con la dureza comenzó a recordar las obras de Dios. ¡Sí! recordar lo que Dios había hecho. Al momento comencé a recordar cuando una madrugada, su precioso Espíritu tuvo misericordia de mí y posó su presencia en forma de mano sobre mi hombro; sin titubear, comencé a derramar mi alma en su presencia, quebranté mi vasija. Lloraba y lloraba y mi ser quería estallar de tanto amor derramado de parte de Dios sobre mí, pues al quebrar mi vasija con los recuerdos de mis experiencias con Él, derramé mi perfume espiritualmente a sus pies.

Si a usted, como a mi en aquel momento, humillarte delante de Dios no tiene la fuerza del ayer, recuerda con detenimiento tus experiencias con Él y tu mejor perfume de seguro regará los pies de Dios en oración. Si leyendo este capítulo todavía no vienen a tu memoria experiencias con el Espíritu Santo que recordar, piensa en lo hermoso que será estar para siempre con Él, habla con el Espíritu Santo. Dile e imagina que harás cuando estés cara a cara con nuestro Padre Eterno. Te aseguro, esto despertará tu espíritu a la oración de rendición y activará nuevas experiencias con el Espíritu Santo. Este pilar que el Espíritu de Dios descodifica a tu corazón en este instante, es una verdad muy poderosa para intimar con el Eterno.

En ocasiones cuando tengo mi tiempo devocional; sólo me siento con mi mejor amigo, el Espíritu Santo; y no pido, no adoro; solos Él y yo recordamos… mientras lágrimas y gemidos indecibles derraman mi ser. Es como cuando te sientas a recordar con un fiel amigo todas las travesías juntos, y de alegría o agradecimiento lloras con este compañero. Me parece que es lo que le sucedió a María; no habían palabras, sólo una vasija quebrada, un perfume esparcido en la casa que todos percibían su olor. Podían los visitantes de este hogar tratar de ignorarle; pero era tan fuerte que apresaba los sentidos de los allí presentes. Lágrimas de una mujer perdonada, que ni aún los ángeles tendrían el privilegio de expresar semejante adoración. Lágrimas que regaban los pies del Señor, mientras los enjugaba con sus cabellos en señal que mas importante que su honra (*Porque la honra de la mujer era su cabello*) era el estar a los pies del maestro.

Te animo a darle paso a este acto en tu vida. No esperes que alguna prueba, situación o crisis momentánea te impulse a quebrar tu vasija, sino como hizo María y el salmista David, toma un momento para sólo recordar lo que ha hecho Dios por ti. Separa un espacio intimo solamente para recordar las experiencias que has tenido con el Espíritu Santo. ¡Siéntate a los pies de tu mejor amigo espiritual y deja que el quebranto devocional te dé un espacio a solas con nuestro mejor amigo, Dios! Pues cuando quebramos nuestra vasija no tenemos que esforzarnos para que la gente sepa que el maestro está dentro de nuestra casa, el olor del perfume derramado lo dejará saber.

Cuando quebremos nuestra vasija no tendremos que esforzarnos para que la gente sepa que el maestro está dentro de nuestra casa, el olor del perfume derramado lo dejará saber.

AQUÍ ALGUNOS PASAJES QUE APOYAN NUESTRA IDEA DE QUEBRANTAMIENTO DEVOCIONAL:

«Cercano está el Señor a los quebrantados de corazón, y salva a los abatidos de espíritu» (Salmos 34:18).

«Sana a los quebrantados de corazón, y venda sus heridas»
(Salmos 147:3).

«Porque así dice el alto y sublime que vive para siempre, cuyo nombre es santo: habito en lo alto y santo, y también con el contrito y humilde de espíritu, para vivificar el espíritu de los humildes y para vivificar el corazón de los contritos» (Isaías 57:15).

«Rasgad vuestro corazón y no vuestros vestidos; volved ahora al Señor vuestro Dios, porque él es compasivo y clemente, lento para la ira, abundante en misericordia, y se arrepiente de infligir el mal» (Joel 2:13).

∽

«Ora conmigo»

Quiebro mi vasija, Señor, delante de ti. Toma mi ser, para que tus tesoros sean derramados para bendecir a otros. Ayúdame como Jesús, a entregar en lágrimas mi voluntad. Reconozco que eres soberano. Confieso mis pecados delante de ti, perdóname. Te amo, mi gran amigo y Padre en el nombre de Jesucristo. ¡Amén!

1

---

1. La experiencia devocional compartida al pie de este capítulo, ha sido íntegramente suministrada por el Dr. Luis Rodriguez, Pastor general de la Iglesia Lirio Del Valle, Casa para las Naciones, en Loiza, PR.

CRÓNICAS DE UN
Intimo

«NO DEBEMOS VIVIR CONFORMES
CON EL HECHO DE QUE DIOS NOS
CONSIENTE, DEBEMOS ANHELAR
QUE DIOS NOS DISFRUTE.»

#CODIGOINTIMO
COMPARTE EN:

SECRETOS DEVOCIONALES

CAPÍTULO II

«Deléitate asimismo en Jehová, y él te
concederá las peticiones de tu corazón»
(Salmos 37:4).

*Un hombre al cumplir sus sesenta y cinco años decide jubilarse
de su empleo. Al comunicarle su intención a su esposa, ella lo
recibe con alegría y no pudiendo contener la emoción ante la
noticia, le pregunta:*
*–¿Qué te gustaría hacer en esta etapa de tu vida que nunca
hayas hecho? ¿Ir de viaje? ¿Lanzarte de un avión?–*
A lo cual el esposo le responde:
*—Sólo quiero en mi retiro, sentarme a contemplar los
amaneceres—.*
*Su esposa muy sorprendida y molesta con su respuesta le
argumentó:*
*—¿En serio?, ¡algo tan aburrido y simple como mirar un
amanecer!—.*
Este hombre aprovechó aquella discusión para confesar a su

esposa la gran devoción que sentía por la naturaleza y que a causa de la agenda tan complicada de su empleo, nunca tubo la oportunidad de disfrutar con paz y quietud de un amanecer.

Al día siguiente, comenzó a seguir su impulso; corría como niño con ojos llorosos a lo que le recreaba y de manera espontánea, disfrutaba de su mañana frente al alba. Algunas mañanas se sentaba sólo a contemplar el cielo, quedando maravillado con los destellos de colores y siluetas, como quien pintó por instinto sobre el lienzo del firmamento; para él, toda una obra de arte maestra celestial.

Un día este hombre enfermó muy gravemente. Su esposa se encontraba muy enfadada, pues su pensar era que su esposo había perdido la oportunidad de disfrutar su retiro. Se sentó al pie de la cama de aquel hospital donde yacía agonizante su esposo y le dijo:

—Has sido un esposo, padre y abuelo maravilloso, solo algo lamento, que después de tantos años de trabajo, no hayas organizado cómo disfrutarías tu retiro y lo perdieras sentado mirando amaneceres–.

El anciano entre quejidos con una sonrisa le contestó:

—¡Vieja!, no lo notaste, pero viví sesenta y cinco años desorganizados... aunque estaba cronológicamente organizado. Siempre llegué responsablemente a la hora asignada donde debía y sin sentir pasión por lo que hacía. Mecánicamente mis días sólo se repetían y repetían. Pero al cumplir mi deseo (Insiste el anciano), contemplando los amaneceres, aprendí que todo lo que es superior a ti trasciende los espacios de tiempo. Tu agenda, nunca podrá tomar control de la expresión máxima del día, aunque quisiera organizar estos amaneceres, darle indicaciones y roles de desempeño, ¡nunca podría!; pues no tenía autoridad sobre ellos. Cada día un destello de colores diferentes en el cielo me maravillaba. Era una sinfonía de destellos celestes que me dejaban un ardiente anhelo de saber cómo sería al día siguiente—.

*Y acariciando el cabello de su esposa con amor, pronunció sus
últimas palabras:*
*—Parece que no organicé mi retiro pero mi devoción se encargó
de hacerlo por mí—.*
*Con voz temblorosa y un suspiro como de alguien que alcanzó
todas sus proyecciones, murió.*

~

DESCODIFICANDO UNA VIDA DE ORACIÓN EFECTIVA

*A*lcanzar una vida devocional estable en ocasiones resulta ser una tarea difícil. Mantener nuestros sentidos afinados a la voz del Espíritu Santo entre tanto ruido de conceptos e interpretaciones, cada día se dificulta más. Luchar contra el alcance de las redes sociales, intentando no ser otra víctima de la curiosidad con la angustiante noción de que el tiempo desperdiciado jamas regresará. Esto pareciera ocultar parcialmente algunos principios devocionales a corazones que con sinceridad se acercan a un tiempo a solas con Dios. El comprender qué atrae la presencia de Dios y tener intimidad con Él de continuo parece ser algo que ha sido sellado y sólo algunos privilegiados poseen este código de acceso a lo mas íntimo del RÚAKJ HA CÒDESH (Espíritu Santo en Hebreo). Pareciese ser que el cielo está cerrado y sólo aquellos más sacrificados son los que tienen este código espiritual. Aun así nuestro Dios, en las Sagradas Escrituras, nos da a conocer el deseo y misión del Espíritu Santo que es sin lugar a dudas ayudarnos en nuestra debilidad y revelarnos los misterios del Padre. Acerca de esto Jesús dijo:

«Él me glorificará (El Espíritu Santo); porque tomará de lo
mío, y os lo hará saber» Juan 16:14 (RVR1960)

Jesús testificó claramente que su deseo nunca fue dejarnos enajenados o sin herramientas. Al Jesús participar de sangre y carne sabía que vendrían momentos en nuestra travesía espiritual donde nuestros sentires y emociones se encargarían de sabotear nuestros momentos a solas con Él. Ante semejantes retos expuestos, debo brindar soluciones con propiedad; para esto necesito me preste por un instante su imaginación. Supongamos que Dios nos otorga el permiso de entrevistar al rey David; creo que si alguien nos pudiese orientar respecto al tema de nuestra relación con Dios es aquel del cual Dios mismo dijo que era *conforme a su corazón*. A título personal yo le preguntaría: ¿Cómo hiciste para enfrentarte a un oso y a un león? ¿Cómo pudiste derrotar al gigante paladín de los filisteos como Goliat? o ¿Cómo llegaste a ser rey?. De seguro, si eres estudioso de la Palabra de Dios o eres de aquellos que se mantienen fiel a lo aprendido en círculos de mentalidad continuista (que cree en la unción y manifestación de los dones), debió pensar una respuesta común; ¡todo por la unción!. Pero quiero resaltar ante usted, que aunque David fue ungido con aceite del cuerno del profeta Samuel, no fue por esta unción que venció. Antes de que el profeta Samuel le ungiera, ya él se había enfrentado a estas feroces bestias, el oso y el león, saliendo airoso de dichos encuentros. Por tanto, no fue sólo la unción, ¡fue algo más!.

Estar en una posición no garantiza que poseamos una relación
con Dios.

David se había ocupado en construir una vida devocional antes que una apariencia. A diferencia del rey Saúl que estaba más interesado en su apariencia delante de los hombres que en su relación con Dios. Tristemente, así como el rey Saúl pensaba, muchos piensan que la manifestación de un don o una posición eclesial, garantiza una relación firme con Dios, pero analice lo siguiente; Dios es el único patrono (Jefe) que despide a un empleado sin sacarlo de su puesto o posición. Muchos seguirán ejerciendo una posición o manteniendo una imagen en su iglesia o comunidad aún estando desconectados de Cristo. Por tal razón, estar en una posición no garantiza que poseamos una relación (Romanos 11:29; Mateo 7:21)». Por esto Dios desecha a Saúl del reinado y se encarga de descodificar a David como intimar con su presencia. Antes de entregarle las llaves del palacio de Jerusalem, le entregó las llaves de la recámara del palacio celeste y David aprendió a entrar con el perfume que agradaba al Rey del universo.

Dios desea hombres y mujeres que anhelen más su esencia que sus herramientas.

Es necesario que le roguemos a Dios que primero nos entregue la llave de su corazón, antes que las llaves de los palacios pomposos de los hombres. Por eso podemos ver a un David que en tiempos donde estaba sujeto a las exigencias de la ley, operó en muchas circunstancias fuera de su dispensación, como si estuviera en la gracia. Expresiones como esta:

«*...de mañana me presentaré delante de ti, y esperaré*» (Salmos 5:3).

Nos descodifica el grado de intimidad que David tenía con el Eterno. Por esto debemos comprender que la unción te capacita para su obra, pero no te garantiza el acceso a las recámaras del dueño de esa obra. La unción es una herramienta para realizar una tarea, pero la devoción construye al hombre interior para que Cristo nos disfrute durante su estadía en nuestra casa interior a través del Espíritu Santo. Dios desea hombres y mujeres que anhelen más su esencia que sus herramientas, pues la historia bíblica nos confirma que hubo muchos con unción, pero sin relación. Aquellos que orarón por necesidad y no por deleite. Muchos que Dios les visitó, pero nunca se mudó dentro de ellos.

ES NECESARIO SER EDUCADOS EN LA ORACIÓN

Nuestro Señor Jesucristo enseñó sobre la oración y de como deberíamos acercarnos a Dios de forma efectiva; a un pueblo Judío que esto formaba parte de su cultura a través de ritos y sacramentos. Resulta muy interesante que Jesús enseñara sobre la oración a un pueblo que sus ceremonias principales giraban en torno a la oración; un pueblo que culturalmente acostumbraba orar. En sus enseñanzas Jesús planteó que hay oraciones que no son eficientes, que son impotentes y sin poder de transformación. Jesús da testimonio de esto al decirle a sus discípulos:

«*No oren como los hipócritas*» (Mateo 6:5).

El término en el griego que Jesús usa para oración en esta declaración es '*polulogia*' que es definido literalmente como '*tratar de convencer a Dios con palabrerías*'. Los judíos creían que la oración era un medio para convencer a Dios y no comprendían que más bien era y es un privilegio divino para relacionarse y disfrutar al Eterno.

Jesús les descodifica cómo intimar espiritualmente con el Eterno, por eso fue enfático en que no usaran '*polulogia*' o vanas palabrerías, sino más bien *'proseuje'* o *'proseoucoumai'* que es el término griego usado en el evangelio de Mateo capítulo seis.

Resulta ser contradictorio que los discípulos le pidieran a Jesús que les enseñase a orar en una comunidad que lo esencial de su cultura es la oración.

Dicha comunidad oraba (tres veces) al día, usaban el *'talit'*, que es un manto de oración con el cual realizaban constantes suplicas en el templo y en los lugares asignados para esto. De seguro algo diferente notaron ellos en Jesús cuando oraba. Notaron que su oración no era igual a la de los religiosos de aquel tiempo, que la oración de Jesús era eficaz.

Tomemos unos instantes de este capítulo para analizar a profundidad lo que Jesús expone al usar el término *'proseujé o proseoucoumai'*.

Algunos eruditos y expertos biblistas lo definen como «*besar el rostro de Dios*». Entonces según esta definición, orar *'proseoucoumai'* es más que una plegaria abstracta; más bien hace referencia a un intercambio de sentimientos. Podemos entenderlo así pues lo que a usted le mueve a besar a alguien, es el deseo de intercambiar sus buenos sentimientos con esa persona. Esto es lo que Jesús quería descodificar a los corazones de los que fueron impactados con sus enseñanzas. Si tu oración no es un intercambio espiritual donde estén involucrados y comprometidos tus sentimientos, tu oración de seguro será ineficaz como la de los hipócritas.

Cuando oro intento identificarme con Dios en Cristo, despertando una capacidad interna de asimilar a Dios, de entenderlo y ser uno con su deseo.

En una investigación aún más profunda de la raíz etimológica de esta expresión griega encontré lo siguiente: «*proseuje*» se compone de la preposición «*pros*» que indica identidad e igualdad. La misma se cree nace del lenguaje griego ático.

Es decir, la oración es una identidad reflejada en una intimidad espiritual. Cuando oro intento identificarme con Dios en Cristo, esto implica una capacidad interna de asimilar a Dios, de entenderlo y ser uno con su deseo. No es solamente las palabras que digas, es intencionalmente permitir que como en un espejo interno sea reflejada la imagen de Dios en nosotros y la mente de Cristo en nuestro pensamiento.

«Porque el Señor es el Espíritu; y donde está el Espíritu del Señor, allí hay libertad. Por tanto, nosotros todos, mirando a cara descubierta como en un espejo la gloria del Señor, somos transformados de gloria en gloria en la misma imagen, como por el Espíritu del Señor»
(2 Corintios 3:17,18).

La preposición siguiente en la palabra griega *pros-eu-jé*, es '*eu*', que viene de '*eurisko*'. Para los griegos '*eurisko*' , era encontrar algo que cambiaría la sociedad o el pensamiento, de ahí nace el término '*eureka*' de Arquímedes, término que hoy día se usa cada vez que se hace un descubrimiento.

Por último, prosigue en la palabra el termino '*jé*', que viene de la raíz «*jaris*» que significa gracia según el diccionario de términos Griegos Strong. Se cree que este era el término que un rey griego usaba en la condecoración de un soldado por ser héroe de batalla. Luego del rey premiar a este soldado, charlaba con el por unos minutos como si fuera su colega.

Si unificamos estas definiciones en secuencia, podríamos definir la oración 'proseuje', de la cual Cristo enseñó, de la siguiente manera: *Orar, es la oportunidad de identificarnos con Dios*

en Cristo, que al prevalecer en nuestras batallas internas, podemos
hablar como quien lo hace con un colega, con el Rey del Universo.

Orar como Jesucristo enseñó, nos permite una experiencia de
hablar con Dios, como quien dialoga con un colega, cara a cara,
hasta llegar a la plenitud de la contemplación. Nuestra oración
se convierte en más que rituales aprendidos y estructuras religiosas, *donde nuestra destreza no desplaza nuestra dependencia.*
Serán momentos que implicarán la transformación de nuestra
persona y vida para disfrutarlo a la magnitud que el Eterno le
diseñó. Es ser copartícipes con Cristo en su agenda de transformar la realidad. Es la invitación inmerecida de compartir la
vida del Espíritu Santo. Es intercambiar su palpitar, lo cual nos
cautivará por siempre en el ejercicio devocional como un acto
de placer y no como una obligación para sobrevivir.

Sabras que tu vida de oración dejó de ser eficaz, en el instante que
tu destreza desplace tu dependencia.

Ante lo expresado, debemos saber que en ocasiones esos espacios sublimes de intimidad espiritual tratarán de ser interrum-
pidos por procesos almáticos, sensaciones de abandono,
sentimientos de soledad o pensamientos de que nuestra oración
no pasa de nuestro techo. Estos procesos, irrumpen irreverente-
mente en nuestra mente, trayendo por consiguiente distracciones triviales que logran su objetivo, «¡desenfocarnos!». Estas
distracciones secuestran nuestro deseo de estar a solas con
Dios. Por eso la misión del Espíritu Santo, es tomar los tesoros
del corazón del Padre y compartirlos con nosotros. Enseñarnos
cómo complacer el corazón del Soberano del universo compar-
tiéndonos aspectos de su código para una intimidad espiritual
plena. Solo así, podremos cruzar el umbral entre dos espacios,

lo natural y lo sobrenatural por medio de nuestra devoción, ¡Sí!, nuestra devoción.

Intimar con el Espíritu; es intercambiar su palpitar, lo cual nos cautivará por siempre en el ejercicio devocional como un acto de placer y no como una obligación de sobrevivencia.

Tristemente en muchos foros eclesiales se tiene un concepto pobre de lo que es devoción. En dichos círculos se define devoción como cantar coros, tener una lectura vespertina, o levantar la voz en una reunión religiosa con alabanzas trilladas, ausentes de vida. Esto por mucho tiempo empujó a una interpretación errada de la oración. Comenzó a entenderse la oración como una llave de acceso al poder de Dios, ¡y lo es! pero no desde la perspectiva que en muchos círculos religiosos se ha interpretado, pues el Espíritu Santo siempre ha anhelado que tengamos una motivación inicial correcta cuando acercamos; sabiendo que algunos piden experimentar su poder sin antes tener su amistad. De seguro, según sus conceptos teológicos usted interpretará lo que trato de plantear; si usted es cesasionista, calvinista reformado o de cualquier tipo de corriente interpretativa o escuela de pensamiento; que no cree en la vigencia de las manifestaciones del Espíritu Santo y sus dones, no tendrá problema con orar sin esperar manifestaciones del cielo en la tierra pero si es alguien que reconoce que nunca la intervención de Dios a través de los dones ha cesado, de seguro comprenderá a plenitud lo que señalo.

Espíritu Santo siempre ha anhelado que tengamos una motivación correcta al acercarnos, sabiendo que algunos piden experimentar su poder sin antes tener su amistad.

De niño mi padre me llevaba a una iglesia, para aquel entonces la liturgia de esta iglesia no permitía instrumentos ni practicas espirituales como: La batería, la alabanza en voz muy alta, tampoco aplausos dentro del templo y menos la manifestación de algún don Espiritual en la congregación, entre otras cosas. Recuerdo que mi asistencia a esta congregación era sólo por interés en los juegos posteriores al servicio. Durante el culto me quedaba dormido en la banca sin ninguna preocupación, pues nunca me interesó en aquella etapa de mi vida relacionarme con Dios. No fue hasta un día que un Pastor invitado cautivó mi atención con el tema de su sermón «Se puede caminar con Dios». En susodicho sermón, aquel pastor ilustró por medio del relato de la vida de Enoc, que era posible tener una relación con Dios de día a día y cara a cara. Su sermón fue expuesto con una empatía abstracta y simbólica; apegada al concepto invisible y no tangible, pero aún así, este sermón fue un detonante que despertó en mi ser el mismo anhelo que tuvo el Profeta Isaías y exclamé con pasión:

—¡Desciende! ¡Rompe los cielos, pues quiero caminar contigo como lo hizo Enoc!—.

Algo sucedió en mi ser que con términos humanos no lo puedo explicar. Aquella tarde de Sábado, al salir de aquel servicio no quería participar de los juegos, solo quería llegar a mi habitación para hablar con Dios. Mis propios intereses y deseos fueron devastados por una paz sublime que acariciaba mi alma cada vez que cerraba la puerta de mi alcoba y pronunciaba – Mi Dios, aquí estoy–.

Comencé a tener largas jornadas de oración en mi cuarto, subía a un autobús público y buscaba un lugar que tuviera dos espacios uno para mí y otro para el Señor; pues le había invitado a caminar conmigo. Ahora Dios se había vuelto ese mejor amigo con el que siempre quieres estar.

Mi papá, como diácono, de aquella iglesia antes mencionada, se preocupó por las largas jornadas de oración que realizaba y le solicitó a su pastor que hablara conmigo; pues él entendía que estaba al borde de una ansiedad religiosa. Mi Padre temía que esto tuviese consecuencias sicológicas y sociales en mi vida. Cuando su pastor me sentó en su oficina, me explicó que mi exceso de oración podría afectarme al grado de perder la cordura y volverme loco; pues era excesivo mi tiempo con Dios a su entender.

No puedo negar que su preocupación era genuina, pero yo mismo no podía entender el porque en ocasiones era tan fuerte la presencia de Dios en mi cuarto que mi cuerpo comenzaba a temblar. Dios derramaba tanto amor a mi corazón durante esos momentos que sentía que quería estallar de pasión. Estas experiencias despertaron en mi pensamiento y en mi ser la posibilidad de revivir el libro de los hechos en mi actualidad, sentía que no se había sellado este libro y yo estaba destinado a darle continuidad. Soñaba con ser traspuesto como Felipe (Hechos 8:39), o ver un lugar temblar ante mi adoración como Pablo y Silas (Hch.16).

Los pastores de aquella iglesia intentaron persuadirme a desistir de esto con interpretaciones de hombres y dogmas cesacionistas «¡*pero las muchas aguas no pudieron apagar el amor!*» de un abismo que llamaba a otro abismo a la voz de sus cascadas; ese espacio en mi interior que sólo Dios podía llenarlo.

De igual forma, algunos cesacionistas plantean que nosotros los continuistas, o sea, los que creemos en la vigencia de los dones y manifestaciones del Espíritu Santo, tenemos apego a esto por conductas aprendidas. A razón de mi experiencia debo preguntar: ¿Qué llevó a un pre adolescente a vivir estas manifestaciones en un lugar donde no se enseñaba de esto? ¿Por qué, comenzar a querer vivir algo que nadie le había modelado en esta iglesia? Si aún usted no tiene respuesta, permítame decirle, que solamente fue un pre adolescente que le fue descodificado al corazón el deseo del Espíritu Santo, un chiquillo que entendió que el ser amigo de Dios es más real que subjetivo u abstracto de lo que algunas religiones y sectas lo presentan. Todo esto comienza con personas que han tomado la decisión de carácter irrevocable de trascender de lo rutinario y razonable. Hablo de aquellos que les han descodificado principios escondidos en la oración. Por otra parte, estoy muy consciente de que hubo grandes exigencias en otras Iglesias que adoptaron otro extremo, apagando la sensibilidad y devoción por la oración en algunos.

NECESITAMOS DISFRUTAR NUESTRO TIEMPO DEVOCIONAL

Siendo la devoción una herramienta tan importante en la intimidad con el Espíritu Santo, debemos preguntarnos ¿Qué es devoción?. El diccionario DRAE define de la siguiente manera:

Devoción. (Del lat. *devotio, -ōnis*). *Amor, veneración y fervor religioso. Práctica piadosa no obligatoria. Inclinación, afición especial. Costumbre devota, y en general, costumbre buena. Prontitud con que se está dispuesto a dar culto a Dios y hacer su santa voluntad.*

Según lo antes definido, podemos inferir que tiempo devocional es mas que un lapso de tiempo, resulta ser un evento que de manera placentera entras a contemplar la hermosura de Dios en todas sus facetas. No como un ritual religioso de costumbres y actos que parezcan ser espiritualmente correctos; más bien, un tiempo en el que de manera espontánea, habilito mi interior como casa espiritual para la complacencia de mi huésped principal, la figura de Cristo a través de la persona del Espíritu Santo.

En la búsqueda de una definición de que es tiempo devocional, no puedo negarles que me frustré al ver cómo definen muchas organizaciones y expositores bíblicos lo que significa esta expresión. En la lectura de algunos artículos encontré que lo definían como: leer la Biblia en la mañana, orar, vigilar o levantarse en ayuno para participar de estas dos cosas. Aunque todo esto es muy bueno, según estas definiciones puedo entender porqué a muchos se les hace difícil completar dichas tareas. Estos recursos al ser ritualizados pierden espontaneidad y no se disfrutan. Cuando el hablar con Dios se carga de ritos, se transforma en una obligación para prevenir y mantenerte espiritualmente, dejando de ser un acto de deleite propio y complacencia. Le aseguro que cuando algo a usted le complace, buscará siempre el espacio para practicarlo. Es por esto que nuestro momento de oración debería ser más que un ejercicio de prevención, debe ser un ejercicio de deleite.

Cuando el orar se carga de ritos, se transforma en una obligación para mantenerse espiritualmente, en vez de ser un acto de deleite propio y complacencia

---

Ante la cantidad de ritos que los religiosos del tiempo de Jesús adherían a la experiencia de la oración, con mucha convicción Jesús de Nazaret declaró: *–No ores como ellos–*. Creo que para descodificar los tesoros del corazón del Padre Eterno y echar los cimientos de tu edificio espiritual, debemos romper conceptos ritualistas y como aquel anciano frente a los amaneceres, dejar que el Espíritu Santo sea el artista que pinte una obra maestra en nuestros corazones y no nuestros ritos y tradiciones aprendidas o impuestas. Cuando nos plagamos de ritos y desarrollamos un plan diario, lo mecánico suplantará lo espontáneo. No habrá sorpresas, sólo vivirás lo que planificaste.

Por experiencia propia le puedo compartir que cada vez que he planificado mis encuentros devocionales con el Espíritu Santo, sólo he encontrado eso, ¡lo que planifiqué!. Pero en cambio, cuando me levanto en la mañana sólo con el ardiente amor, fuerte necesidad, pasión incontenible, o sea, la devoción y actitud correcta. Él siempre me sorprende con una obra majestuosa que sólo su Persona puede hacer. ¡Cambia todo! de rutina abstracta a experiencia tangible. Me refiero a ser impregnado con su aroma, sentir tu corazón rebosar de amor, lo cual despierta el deseo de querer más de Él. Rompe las barreras del conformismo y la comodidad, porque cuando te es descodificado este principio espiritual, comienzas a deleitarte en Él y grandes cosas sucederán.

PREPARA TU SER PARA TENER INTIMIDAD ESPIRITUAL CON TU CONFESIÓN

Dos aspectos a considerar, muy importantes cuando se busca tener una devoción a plenitud, estan registrados en los versos siguientes:

«*Deléitate asimismo en Jehová*»
(Salmos 37:4)

¿Por qué el salmista dicta, asimismo en Jehová?, ¿Qué implica esta expresión? Me gusta como la versión Reina Valera del sesenta (RVR1960) lo interpreta. 'El *así mismo*' implica un acto propio, donde invitas a tu propio ser a deleitarse; disfrutando la esencia de Dios a solas con Él. Posiblemente te preguntes en este instante, ¿*Cómo logro esto?*

El mismo profeta Isaías revela este elemento del código devocional en esta forma:

«Con mi alma te he deseado en la noche, y en tanto que me dure el espíritu dentro de mí, madrugaré a buscarte» (Isaías 26:9).

Isaías nos invita a través de su introspección a **terminar mis días deseando mis mañanas con Él.** Cuando fui iluminado por este verso comencé en las noches a invitar a mi alma a desear su presencia antes de acostarme usándome de las siguientes expresiones:

–Espíritu Santo, ¡Cuánto anhelo que llegue la mañana para que hablemos!, tengo tanto que contarte–.

Les confieso que era tan intensa la presencia de Dios, que a veces no podía esperar a la mañana siguiente, pues iniciaba un fenómeno en mi interior tan glorioso, que tenía que quedarme hablando con el Eterno al momento. Guiado por Él descubrí que *la devoción no es algo que Dios nos otorga, es un impulso que se despierta en nosotros a través de nuestra propia confesión.*

Por esto el salmista mientras oraba, despertaba su devoción en si mismo dandole ordenes al centro de su voluntad (su alma), diciendo:

«Bendice, alma mía, a Jehová, y no olvides ninguno de sus beneficios»
Salmos 103:2 (RVR1960)

La palabra de Dios nos deja conocer los secretos de aquellos que atraparon la atención de Dios. La mejor forma de activar tu devoción es que le hables a tu alma en las noches antes de dormir, sobre el encuentro que tendrás con Dios en tu mañana. Impúlsate espiritualmente, acordándole a tu ser los beneficios de hablar con Dios. Así te prepararás para un encuentro con el

Espíritu Santo en la mañana y viceversa. Así como una esposa se prepara con aromas, tiene cuidados con su piel y se atavía para el encuentro con su esposo; de igual forma nosotros debemos acondicionar nuestro ser para un encuentro íntimo espiritualmente hablando con el Espíritu Santo. Muchas personas intentan mejorar su vida de oración pero no lo logran al desconocer este principio espiritual.

Recuerdo la mañana en la que el Eterno me compartió esta particularidad devocional, como era de costumbre, me levanté a orar y comencé mi jornada habitual de oración. Mi plan era orar una hora esa mañana. Ya tenía de antemano una lista de peticiones para orar con estructura y por ultimo interceder por mis necesidades. Después de quince minutos arduos de pedir al cielo como yo conocía, el Espíritu Santo interrumpió mi oración; como un grito que decía: *¡Ya basta!* Y yo me pregunté: *¿Qué sucede?* seguí orando y esa voz de autoridad decía a mi interior: *–¡Ya basta!–*. Entonces, trajo a mi memoria este verso: «*Deléitate asimismo en Jehová*».

Era la impresión de una voz sublime que decía a mi espíritu:

–Tú ocúpate de deleitarte en mí, que yo me ocupo de tus necesidades–.

Por tal experiencia entendí el deseo del Espíritu Santo en aquel momento. Él no necesitaba mi formalismo, solo deseaba que yo disfrutara de su atención. Desde ese día mis mañanas cambiaron, ya no tengo un formato rígido; yo me ocupo en deleitarme y Él me sorprende. A veces me levanto y no puedo pedir, sólo le adoro, otras veces me impulsa a cantarle y mi interior rebosa, en otras, me deja sentir su dolor por las almas perdidas y intercedo en lágrimas totalmente identificado con su sentir. Tengo momentos donde me levanto a cumplir con mi oración mañanera y no me permite arrodillarme; pues me guía a su palabra para que lea y me deleite en lo dicho por nuestro Dios. Si notas un devocional conectado al deseo del Espíritu Santo no siempre será uno que comience con oración de rodillas o adoración, también el querrá que le escuches en las mañanas a través de su palabra escrita. Eso me ha impulsado a experiencias que durante los próximos capítulos les relataré. ¿Por qué no mejor en las mañanas, en vez de decirle a Dios lo que quieres que haga, mejor permites que él presente a tu espíritu el tema que desea platicar contigo? En ocasiones tu quieres hablarle de tus problemas, mas sin embargo, Él quiere que le hables de tus debilidades. Querrás hablarle del crecimiento de tu ministerio, mas Él anhelará hablar contigo del crecimiento de tu compasión; querrás hablarle de la necesidad de transformación en otros, mientras que el Eterno anhelará hablar de las estrategias para que alcances tu propia transformación. Se trata solamente de permitir que te dirija a lo que Él quiera. Es cambiar el ritual de dame esto y arregla lo otro, por decirle: –*no vengo sólo a pedirte, ¡quiero lo que tú quieras!*–. Claro que habrá momentos que como hijo tendrás peticiones delante de Él, pues Dios mismo nos invita a pedirle, pero esa es la clave, Él mismo nos deja conocer el momento oportuno para pedirle.

Si tu oración no te transforma a ti, tampoco transformará tu circunstancias.

Le recomiendo que para comenzar a internalizar este código íntimo íntegramente; y el mismo produzca la catarsis necesaria, comencemos rompiendo los ritualismos habituales de; me levanté, oré por un tiempo, leí la Biblia, y ya cumplí. Esto asesina la devoción. En primer lugar, si tu oración no te transforma a ti, tampoco transformará tu circunstancias. Segundo, no llegamos ante Él para cumplir y sentirnos religiosamente satisfechos. Nos acercamos porque nos deleita así como el anciano frente a los amaneceres dándonos cuenta que esto trasciende agenda y espacio de tiempo. Por eso es meritorio continuar esta jornada diciéndote: ¡que sí!, sí puedes tener una espiritualidad estable. ¡Sí!, el Espíritu Santo te anhela, pero quiere que comprendas que te anhela celosamente a ti, no a tus ritualismos, anhela tu voz y sentimientos, no tus oraciones adornadas, anhela tu expectación y no tu rutina diaria. Comencemos a construir una vida devocional desde la perspectiva del cielo. Sé que el Espíritu Santo en este instante está revolviendo las aguas vivas en tu interior e invitándote a sus aposentos. Te dice: *háblame; ora, sólo ¡ora!*. Esa es su invitación directa a su corazón... aprovéchela.

~

«Ora conmigo»

Espíritu Santo, revélame cómo debo construir una vida devocional contigo. Cambia las estructuras que tengas que cambiar. Ayúdame a vencer los temores que tengo al acercarme a ti. Te ruego por experiencias tangibles que aumenten mi fe y me ayuden a aceptar tu soberanía. Permíteme adorarte y hablar contigo de la manera que tu corazón se sienta complacido. Sólo quiero deleitarme en ti como preámbulo a lo que haré toda la eternidad cuando esté en tu presencia. ¡Ven Señor Jesús!, te espero, en el nombre de Jesucristo. ¡Amén!

CRÓNICAS DE UN
Intimo

«DIOS NUNCA DEJARÁ QUE EXALTES
SU PRESENCIA EN PÚBLICO,
SI NO LE HAS
HONRADO EN LO SECRETO.»

#CODIGOINTIMO

COMPARTE EN:

SENSIBILIDAD E INTIMIDAD ESPIRITUAL

CAPÍTULO III

«Respondiendo Jesús, les dijo: De cierto os digo, que si tuviereis fe, y no dudareis, no sólo haréis esto de la higuera, sino que si a este monte dijereis: Quítate y échate en el mar, será hecho. Y todo lo que pidiereis en oración, creyendo, lo recibiréis» (Mateo 21:21,22).

«Y habiendo considerado esto, llegó a casa de María la madre de Juan, el que tenía por sobrenombre Marcos, donde muchos estaban reunidos orando. Cuando llamó Pedro a la puerta del patio, salió a escuchar una muchacha llamada Rode, la cual, cuando reconoció la voz de Pedro, de gozo no abrió la puerta, sino que corriendo adentro, dio la nueva de que Pedro estaba a la puerta. Y ellos le dijeron: Estás loca. Pero ella aseguraba que así era. Entonces ellos decían: ¡Es su ángel! Mas Pedro persistía en llamar; y cuando abrieron y le vieron, se quedaron atónitos.

Pero él, haciéndoles con la mano señal de que callasen, les contó cómo el Señor le había sacado de la cárcel. Y dijo: Haced saber esto a Jacobo y a los hermanos. Y salió, y se fue a otro lugar» (Hechos 12:12-17).

Era una tarde lluviosa de domingo en un asilo de ancianos en Londres. Era día de visita y un anciano en etapa terminal, muy entristecido, miraba a través de una ventana mientras se preguntaba si alguien todavía le amaba. Y dirigiéndose a Dios le dijo: —¡Si es cierto que tú me amas, dímelo a través de alguien y así me sentiré preparado para abrazar la muerte!—. Esa misma tarde un sacerdote, que estaba visitando uno de sus feligreses; se detuvo en la puerta de este anciano, realizó unos ademanes pertinentes a su oficio y se marchó, sin decirle ni una palabra a este anciano. Esto deprimió aun más al anciano pues estaba esperanzado que el sacerdote fuese el enviado de Dios para consolarle en su angustia. Luego, minutos más tarde, un reverendo que estaba visitando a un familiar, se detuvo también en la puerta, lo miró y dijo para así mismo: —¡Qué triste se ve ese anciano, pobre de él!— Y se marchó sin tan siquiera dirigir palabras a este anciano. Su corazón quería estallar de tristeza pues pensaba que moriría sin recibir respuesta de Dios.

Uno de los doctores de aquella institución, esa tarde tuvo que regresar a su oficina a recoger unos artículos olvidados. Como su oficina era vecina a la habitación de este anciano, se detuvo en la puerta, observó al anciano y se dijo: —¡Qué mal se ve ese anciano, dudo que pase de esta noche!— .

Siguió de largo y no habló con él. A minutos de dar por terminado el período de visita, una pequeña niña con un trajecito blanco, se le escapó de las manos a su madre y corriendo se detuvo en la puerta de la habitación de este anciano. El anciano muy molesto y deprimido (pues nunca llegó esa

*palabra que necesitaba para sentirse en paz y morir), le gritó a
la niña:*

*—¿Qué haces aquí en este cuarto?, ¡lárgate, no quiero saber de
nadie!—*

La madre de la niña tomó su pequeña mano y le dijo:

*—Ven conmigo, no voy a permitir que ningún viejo gruñón le
grite así a mi hija—.*

*Pero la niña se volvió a escapar de su madre y corrió a la
camilla donde estaba el anciano. Lo besó en la mano y le dijo:*

—¡Dios dice que sí te ama!—

*Y con presteza, la niña corrió nuevamente a los brazos de su
madre quien la miraba con asombro, y se marcharon.*

*Al día siguiente, unos brazos se extendieron en aquella fría
habitación, y de unas manos que se había escapado la vida,
cayó una nota escrita con las siguientes palabras:*

*—¡Abrazo la muerte con honor, la abrazo y la recibo con
gratitud sin temor a la misma! Pues, ¿Qué sentido tiene estar
vivo, ser exitoso y grande? y al final, lo más pequeño te enseñe
que puedes tenerlo todo, pero en realidad no tienes nada, si no
tienes sensibilidad—.*

LA CLAVE ES LA SENSIBILIDAD

Sensibilidad, palabra de doce letras, a la cual están
sujetas muchas experiencias en nuestra vida de devoción. Si algo el adversario busca desabilitar en la vida de un
creyente, es la sensibilidad espiritual. Ella opera como antesala a
muchos dones y manifestaciones de Dios en nuestras vidas,
dones y manifestaciones, que operan en enlace y co-depen-
dencia el uno con el otro.

Por ejemplo: Sensibilidad, fe y milagro. Una ecuación práctica, vista en el ministerio de Jesucristo. En el evangelio según Mateo, se explica este proceso, «*Y saliendo Jesús, vio una gran multitud, y tuvo compasión* (sensibilidad) *de ellos, y sanó* (fe y milagros) *a los que de ellos estaban enfermos*» (Mateo 14:14). Mirando esta ilustración podemos entender que la clave de estas manifestaciones en Jesús fue la *sensibilidad*. Debemos comprender que es necesario que nuestro corazón se mantenga sensible para identificar cuando Dios quiere manifestarse a favor de un necesitado y a su vez, disfrutar de una vida devoción saludable.

A diario muchas experiencias como asesino a sueldo asechan nuestra sensibilidad. Heridas, reproches, insultos, desconsideraciones, menosprecios, estafas, desilusiones, mentiras, engaños, desánimos, descuidos, la rutina, el afán, por mencionar algunos. Un creyente sin sensibilidad, leerá las Escrituras sin sentir el efecto que producen ellas en nuestro ser. Manifestaciones serán producidas y no las percibirá, orará sin esperar que algo cambie, su adoración se verá abrumada por dudas, mientras el verdugo de la tristeza hace estragos. La necesidad vista e importante en el camino, será la suya propia, y no importará la de su prójimo y el anhelo por la venida del Señor se extinguirá.

Ante este estado, uno de los reproches del Eterno fue: *–piden y no saben pedir–*. Otra amonestación de Dios es: *–su corazón se ha puesto como diamante–*. Dios reclamó a a su pueblo Israel, que su corazón se ha endurecido. Muchas veces, a raíz de las experiencias vividas, nuestro corazón es amenazado con la dureza. En otras palabras, ponerse como diamante;

«*...y pusieron su corazón como diamante, para no oír la ley ni las palabras que Jehová de los ejércitos enviaba por su Espíritu...*» (Zacarías 7:12).

¿Por qué cómo diamante?, la respuesta está en las características del diamante. La palabra diamante significa etimológicamente «*inalterable*».

Observemos sus características. El diamante es compuesto por carbono puro cristalizado y es muy duro, es transparente pero duro, es precioso, pero duro, costoso, pero duro. Si nota amado lector, hay algo en común en el diamante que resulta benéfico aquí en la tierra, pero para el cielo es un problema; es transparente, precioso, costoso, pero muy duro. Éste fue el reproche de Dios a los hijos de Israel, tenían buenas características, pero su corazón estaba duro como el diamante. ¿Alguna vez se ha topado con alguien que le dice; *Yo soy muy transparente, soy muy sincero, pero nota que su corazón esta endurecido?* Posiblemente este alguien posee preciosas cualidades. Es amable y cordial, pero con un corazón endurecido. Puede que en este instante usted piense: ¿Cómo alguien con buenas cualidades puede tener un corazón endurecido?, ¿Podrá alguien hacer obras de amor con su corazón endurecido? Apocalipsis capítulo dos, nos arroja luz al respecto, cuando el mismo Señor Jesucristo le hace un reproche a la iglesia de Éfeso;

> «*Yo conozco tus obras, y tu arduo trabajo y paciencia; y que no puedes soportar a los malos, y has probado a los que se dicen ser apóstoles, y no lo son, y los has hallado mentirosos; y has sufrido, y has tenido paciencia, y has trabajado arduamente por amor de mi nombre, y no has desmayado. Pero tengo contra ti, que has dejado tu primer amor*» (Apocalipsis 2:2-4).

En ocasiones el estar ocupados en las buenas obras, no nos da garantía de que tengamos un corazón sensible. Por esto me he ocupado de preparar lo que he llamado: '*un medidor del corazón*'; que nos ayudará a saber si nuestro corazón está endurecido. Es importante dejarle saber que no necesariamente le identificarán todas estas preguntas, pero basta con identificarse al menos con dos de ellas para saber que su corazón esta al borde de la insensibilidad.

Hágase la siguientes preguntas:

1. ¿Siente dudas de la veracidad de las sagradas escrituras, pensando que fueron escritas por hombres?
2. ¿Tiende con facilidad a entrar en contiendas, críticas, murmuraciones o chismes? (De la abundancia del corazón habla la boca)
3. ¿Es escéptico a las manifestaciones del Espíritu Santo?
4. ¿Escuchar la Palabra de Dios, no produce resultados en su vida, se siente igual después de leerla o escucharla?
5. ¿Cuándo oras crees que recibirás respuesta de Dios al momento?
6. ¿Siente ausencia de compasión?
7. ¿Atiende sin queja y con presteza las necesidades de otros?
8. ¿Siente ausencia de pasión para predicar el evangelio, o que otros sean salvos?
9. ¿Experimenta ausencia de devoción en sus mañanas al despertar? (recuerde que el distanciarse de Dios produce dureza en el corazón)
10. ¿Siente rencor u odio?
11. ¿Es practicante del pecado?
12. ¿Se queja constantemente de su familia, ministerio o matrimonio?
13. ¿Siente dificultad para ofrendar o bendecir a otros?
14. ¿Anhela diariamente la segunda venida de Jesucristo?
15. ¿Está rendido a la voluntad de Dios, aunque no le guste la misma?
16. ¿Es una carga el servicio a Dios para usted?
17. ¿Ha sentido el deseo de descansar de todo lo que se

refiere a Dios y su palabra?

18. ¿Critica a otros sin haber orado previamente por ellos?

Estas preguntas nos ayudarán a evaluar a diario nuestro corazón y no nos dejarán engañarnos por expresiones bíblicas sacadas de contexto como: *«por causa de la maldad, el amor de muchos se enfriará»* (muchos se insensibilizarán). Esta expresión bíblica, nunca fue una autorización de Dios a insensibilizarnos. Algo preocupante es que hemos confundido el ser maduros con ser insensibles. Pretendemos aparentar ser tan maduros que sin darnos cuenta hemos abrimos paso a la insensibilidad, presentando dificultad para tener una vida devoción saludable. Es vital que nuestro corazón esté sensible para tener relación con el Espíritu Santo. Un proverbio de campo dice que lo que madura demasiado, se pudre. Por esto el consejo del Eterno por labios del apóstol Pablo, solicita que seamos maduros en nuestro modo de pensar, pero que nuestra sensibilidad sea como la de un niño (1 Corintios 14:20).

CUIDÁNDONOS DE LA INSENSIBILIDAD

Crece todo lo que puedas crecer, madura todo lo que tengas que madurar, estudia todo lo que puedas estudiar, alcanza todos los títulos que puedas alcanzar, pero por nada, por nada des paso a la insensibilidad. En el libro de Hechos capítulo doce, podemos mirar a los ojos de la iglesia primitiva ante una experiencia que les había marcado. Habían sido encarcelados Jacobo y Pedro, líderes de dicha Iglesia. A Jacobo le propinaron la muerte sin un juicio justo. Explico esto pues quisiera que observe bien el cuadro antes de darle forma al criterio. La Iglesia estaba reunida en casa de Marcos orando, tal vez, con fe, pensando que Dios liberaría a Jacobo de la mano de Herodes. De momento irrumpió en aquel momento de oración un mensajero clandestino. Toco la puerta de aquella casa con violencia pues cargaba una noticia devastadora. –¡*Jacobo ha muerto!*– *grito este mensajero*. En ese instante sus esperanzas quedaron tronchadas al enterarse de que aunque habían orado, Dios no contestó su oración. Esta experiencia tuvo un efecto en la iglesia, por temor aseguraron la puerta y dejaron de estar al lado de la puerta, abandonaron la sala de la casa de Marcos para esconderse en las habitaciones.

Ahora, algo cambió, oraban por Pedro, el cual permanecía encarcelado, pero oraban lejos de la puerta y con ella cerrada. ¡Increíble!, ¿cómo una noticia, los alejó de la puerta?. El temor tomó dominio de ellos; bastó una experiencia adversa para que su corazón se insensibilizara.

Todos alguna vez hemos estado de frente ante un sentimiento de insensibilidad, aunque conocemos que somos buenos cristianos, hacemos buenas obras y tenemos temor a Dios, En alguna ocasión una mala experiencia, inhabilitó nuestra sensibilidad, arrestando nuestra devoción.

Recuerdo hace algunos años atrás, ya predicaba, veía milagros y hablaba lenguas entre otros carismas de Dios. Aún viviendo todo esto, había algo que me perturbaba un poco; era el hecho de que todavía no era padre. Dios hablaba a mi vida de diversas formas, conocía el poder de Dios en mi vida, pero cuando alguien me daba una palabra profética con relación a que seríamos padres mi esposa y yo, ya no causaba la misma emoción que al principio en mí. En otras ocasiones me había ilusionado por las llamadas "falsas alarmas" pensando que mi esposa había quedado embarazada pero no era así; y por temor a no ilusionarme, cerré mi corazón en este sentido, lo puse como diamante. Confesaba que creía, conocía que en cualquier momento podía suceder y oraba por esto, pero como la iglesia primitiva del libro de Hechos, me alejé de la puerta y comencé a orar con la puerta cerrada. Ante esto, el Espíritu Santo me enseñó que la manera en que un niño espera un regalo no es la misma que un adulto lo espera. Si usted le promete algo a un niño, él nunca piensa que usted le fallará; se emocionará con ansias. En cambio, un adulto permanecerá templado pensando en la posibilidad de que usted no le cumpla. Un niño está a la expectativa y se emociona a la mayor provocación, el adulto no se emociona y permanece templado. Con estas simples actitudes, Dios trató con mi corazón y me mostró que había pretendido madurar tanto que había perdido esa chispa que poseen los niños al creer. Su dulce voz le ordenó a mi corazón que volviese a mi primer amor, sólo así Él contestaría mi ruego. Mi secreto devocional amado lector, ha sido mantener la sensibilidad de un niño en la presencia de Dios. En las noches me emociono pensando, cuando llegue la mañana tendré experiencias hermosas con Él en mi momento de oración. Si de algo pedido, no he recibido respuesta todavía; sigo esperando igual de emocionado e ilusionado como al principio.

Tal vez preguntarás, ¿Cómo hago para mantener mi corazón sensible?, ¿Cómo oro con la puerta abierta? Un principio que el Espíritu Santo me enseñó, para mantener un corazón sensible, es orar como el Espíritu Santo ora, anhelando su venida, una clave devocional expresada en la Palabra de Dios. En Apocalipsis dice:

«y el Espíritu y la esposa (La Iglesia) dicen ven» (Apocalipsis 22:17) Enfasis añadido

Es necesario que esta práctica se torne común en tu vida de oración, y aun en tu diario vivir; esto alimentará a niveles incalculables tu devoción. Experimenté momentos de devoción donde sólo le decía al Señor por horas, ¡Ven Señor Jesús!, ¡Anhelo tu venida! al instante una chispa se encendía despertando mi sensibilidad. Orando así, es uno de los únicos momentos donde nos ponemos de acuerdo cien por ciento con el Espíritu Santo. Esta oración, obligará a tu corazón a mantenerse sensible, pues aquel que le espera actuará en línea con el cielo, eso es orar con la puerta abierta. Amado lector, dale una orden a tu corazón que marche dándole paso a la sensibilidad. No permitas que malas noticias te insensibilicen, o que el temor sea el señor de tus acciones. Cuando mi corazón necesita sensibilidad, no permito que nadie con "cuentos" o "Testimonios" lo insensibilice. Si se identificó con algunas de las preguntas diagnósticas del corazón, ¡no se desaliente!, hay oportunidad para que el corazón se sensibilice. A veces escucho personas decir: "Ya Dios no se manifiesta como antes", "ya Dios no hace obras como en el ayer". Y establezco ante ustedes, Dios no ha cambiado, lo que ha cambiado en ocasiones es nuestra sensibilidad.

Dios nunca cambia, lo que cambia es nuestra sensibilidad.

NO PODEMOS DEJAR DE SER NIÑOS

Un hombre me preguntó, cuando escuchó uno de mis sermones titulado *puertas abiertas*; ¿Cómo puedo orar con las puertas abiertas? A lo cual le contesté: —*siendo como Rode*–. Para entender la ironía en mi respuesta permítame recapitular esta historia bíblica. En esta historia se presenta a una Iglesia "madura" que por temor estaba escondida en los aposentos interiores, una niña o muchacha sirviente llamada Rode. Su nombre significa: «*Rosa*», fue la única que permaneció cerca de la puerta. Los que permanecen cerca de las puertas de espera en Dios, son los primeros en recibir la contestación de Él. Ella fue la primera en recibir a quien la iglesia estaba esperando en oración. Ella corrió adentro a decirle a la iglesia llena de temores e insensible

—¡Iglesia, tu contestación está a la puerta, Pedro está a la puerta!–. Pero la respuesta de la iglesia fue: *—¡Rode está loca!, ¡no puede ser Pedro, es su ángel!–*. La incredulidad era la postura imperante, en una iglesia "hiper-madura" que estaba orando. Si nota, estaban orando por Pedro, pero no creían que Pedro estaba en la puerta. Así como la historia que les compartí a principio de este escrito, los más maduros no tuvieron la sensibilidad, pero una niña fue la que identificó la palabra que el anciano necesitaba, por esto Jesús fue enfático enseñando que hay que ser como niño para entrar al reino de los cielos.

Si has experimentado rasgos de insensibilidad por las frustraciones o desalientos, por tus pruebas o constantes luchas; en este escrito, como Rode, pretendo ser voz profética que te dice: *—¡Tranquilo(a), tu contestación está a la puerta!–* Tú escoges cual será tu actitud, la de la iglesia "hiper-madura" lejos de la puerta por temor a ser desilusionadoso o la de Rode sentados cerca de la puerta. El Espíritu Santo se acerca a aquellos que tienen un corazón sensible a su voz. Permite que tu vida devocional crezca a dimensiones inimaginables, sólo manteniendo una actitud en el corazón, *¡sensibilidad!*.

∿

«Ora conmigo»

Amado Dios, ayúdanos a mantenernos sensibles a tu voz, a tu llamado y a tu Palabra. Que nunca nuestra sensibilidad se vea afectada por nuestras malas experiencias. Declaro en el nombre de Jesús, que todo corazón paralizado toma marcha, que todo corazón endurecido es transformado. Reprendemos toda incredulidad y toda falta de fe y declaro tu presencia sobre nuestras vidas. Ayúdanos Espíritu Santo, a guardar nuestro corazón, de modo que sea confortable para tu habitar. En el nombre de Jesucristo. ¡Amén!

CRÓNICAS DE UN
Íntimo

«EL CONOCIMIENTO ES LA
ACUMULACIÓN DE DATOS, EL
ENTENDIMIENTO ES LA DISPOSICIÓN DE
LOS DATOS, LA SABIDURÍA ES LA
APLICACIÓN DE ESOS DATOS, UNA
RELACIÓN SALUDABLE CON EL ESPÍRITU
SANTO, ES EL ÚNICO MEDIO PARA VERLES
CONVERGER DIVINAMENTE ENFOCADOS»

#CODIGOINTIMO

COMPARTE EN:

EL FACTOR DISTRACCIÓN

CAPÍTULO IV

«…y me buscaréis y me hallaréis, porque me buscaréis de
todo vuestro corazón»
(Jeremías 29:13).

«…y un joven llamado Eutico, que estaba sentado en la
ventana, rendido de un sueño profundo, por cuanto
Pablo disertaba largamente, vencido del sueño cayó del
tercer piso abajo, y fue levantado muerto» (Hechos 20:9).

*En una isla del mar Mediterráneo, residían unos monarcas con
grandes riquezas y prestigio. Esta isla era muy difícil de
accesar pues sus costas estaban resguardadas por dos grandes
arrecifes; que a su ves estaban custodiados por dos grandes
piedras que servían como portal a la isla. Cualquier distracción
de un tripulante, podía causar un gran accidente. Por temor al
ataque de corsarios, los residentes de esta isla comenzaron a
difundir fábulas sobre las legendarias sirenas homéricas. Cada
vez que un barco desconocido trataba de zarpar en sus costas,*

los nativos, hacían sonidos con conchas, simulando el canto de una sirena. Así distraían a sus tripulantes, que inevitablemente se estrellaban contra los arrecifes muriendo en el acto. Se dice que nunca ningún extranjero pudo penetrar las costas de esta isla.

Un anciano que se encargaba de difundir la historia, en el ocaso de su vida escribió:

–¡Oh! isla férrea que me viste nacer, una gloria siempre tendrás, que nunca tus costas fueron defendidas con armas, nunca probaste la sangre de tus habitantes, por siempre te cuidará el mejor comandante de guerra, la distracción–.

~

NUESTRA ATENCIÓN ES INVALUABLE

¿Conoce usted el valor de su atención? Hace algunos años la cadena de comida rápida McDonald's, invirtió unos treinta y seis millones de dólares, por sólo tener sesenta segundos de nuestra atención con un comercial televisivo. Ciertamente estas mega empresas están conscientes de la importancia de ganar nuestra atención; porque al ganarla, usted consumirá sus productos. En otras palabras, distrayéndote de tu entorno sólo sesenta segundos, lograrán incrementar sus ventas sustancialmente. Esa, querido lector, no es una estrategia innovadora, ya que las tinieblas la han implementado por siglos para distraernos de nuestro objetivo y por consiguiente perdamos terreno. Posiblemente este capítulo te resulte un tanto práctico, pero si me tienes paciencia, notarás que su sencillez no le resta para nada relevancia y profundidad.

Te invito a centrar tu entendimiento de los elementos de la oración, no como niveles, sino como elementos que operan en escala. En esta lectura no trabajaré la composición de la oración presentada en Mateo capítulo seis por Jesús, llamada por algunos 'los niveles de oración'.

Para poder entregar otro aspecto del código Íntimo, necesitamos establecer que no siempre que te arrodillas, tu acercamiento a Dios es el mismo. Recordemos que orar es mas que hablar con Dios; es compartir su sentir, y hay diversidades de elementos espirituales para hacerlo. Para poder entrar más a fondo en materia, presentaré, de entrada, los elementos de la oración.

ELEMENTOS DE LA ORACIÓN

Narrativas. Cuando me acerco en oración a forma de monologo, narrándole mi diario vivir a Dios. Puede realizarse en la mente o en voz baja, parecido a un soliloquio (Como si pensásemos en voz alta). Puede tomarse como un desahogo en su presencia, donde yo hablo y Dios escucha la manera en que me siento, lo que me preocupa, mi debilidad o lo que me deprime. En el libro de los Salmos nos encontramos en muchos capítulos, donde el escritor sólo narraba a Dios su condición. Le llamo el libro donde Dios permitió acercamientos narrativos al hombre, mientras Él guardaba silencio. Se puede emplear el uso de la narrativa en la oración repitiendo un Salmo. La Biblia no condena esta conducta. Lo que sí condena, son las vanas repeticiones de palabrerías huecas. Si aceptamos que repetir la Palabra de Dios en oración, es vana repetición, será como decir que la Palabra de Dios es vana, cuando ella es viva, eficaz y tiene poder.

Clamores. Un acercamiento ocasional en voz alta, donde se hace una petición, con miras de obtener justicia. Este elemento se puede usar para profetizar a otros según Zacarías 1:14-17.

Hay clamores que se realizan a Dios esperando que los hombres respondan según el Proverbista:

«El que cierra el oído al clamor del pobre, clamará y no será oído». (Proverbios 21:13)

En el libro de los Hechos (Hechos 16:28); también observamos un ejemplo realizado muchas veces en el marco bíblico, antes del desfallecimiento del ánimo, o la muerte de una persona. El clamor es un acercamiento caracterizado por la necesidad de auxilio y de ser socorrido, donde si el que lo emplea opera en justicia, hay garantía de recibir respuesta y manifestación de las grandezas ocultas del cielo, no conocidas (Salmos 3:4, 18:41, 30:2,61:2; Jeremías 33:3).

Rogativas. Un acercamiento en insistencia permanente, con peticiones y súplicas constantes hasta recibir. Tiene tono desesperante, donde con actitud de humillación y lágrimas, rogamos y suplicamos a Dios, puede ser en silencio o una súplica en la mente. Por lo regular, este elemento de oración, involucra votos delante de Dios. Veamos un buen ejemplo en la vida de la madre del profeta Samuel, una mujer llamada Ana:

«...ella con amargura de alma oró a Jehová, y lloró abundantemente. E hizo voto, diciendo: Jehová de los ejércitos, si te dignares mirar a la aflicción de tu sierva, y te acordares de mí, y no te olvidares de tu sierva, sino que dieres a tu sierva un hijo varón, yo lo dedicaré a Jehová todos los días de su vida, y no pasará navaja sobre su cabeza. Mientras ella oraba largamente delante de Jehová, Elí estaba observando la boca de ella. Pero Ana hablaba en su corazón, y solamente se movían sus labios, y su voz no se oía; y Elí la tuvo por ebria» (1 Samuel 1:10-13).

El apóstol les llamaba rogativas:

> «*Exhorto, ante todo, a que se hagan rogativas, oraciones,
> peticiones y acciones de gracias, por todos los hombres...*» (1
> Timoteo 2:1).

Acción de gracias. Acercamiento con corazón agradecido, donde no se solicita a Dios algo, sólo hay gratitud. Hay momentos donde la oración requerida es la de agradecimiento. Por ejemplo, después de la sanidad de los diez leprosos, no se requería otra petición, sino sólo agradecimiento por el milagro (Lucas 17:11-19).

Intercesión: Cuando nos paramos en la brecha delante de Dios con insistencia por algo o por alguien. Elemento dirigido por el Espíritu Santo en actitud reverente, donde no se ordena, sino que se solicita por amor. Este elemento es en ocasiones, una herramienta que cambió una determinación de juicio por misericordia (Génesis 18:16).

Exaltación. Acercamiento sublime en adoración, donde reconocemos los atributos del carácter divino. Generalmente es una expresión de júbilo, aunque puede hacerse desde la quietud también. Jesús estableció que dicho elemento de oración, debía ser primicia al acercarnos. Por eso la Escritura le llama: «fruto de labios» y como todo fruto, Él solicita las primicias de esta cosecha. Por eso en Mateo 6; Jesús enseñó, que adoráramos antes de pedir.

Combate espiritual. Acercamiento con autoridad, en uso de las armas espirituales provistas por Dios para batallar espiritualmente (1 Corintios 10:3; Efesios 6). A través de ella, combatimos toda maquinación de las tinieblas.

Orar en lenguas. Momento donde el espíritu ora, donde hablamos con Dios en su lenguaje. Esto brinda garantía que oramos en su voluntad. En ocasiones no entendemos nuestra oración, pero el espíritu ora alineado al Padre. Pablo nos dice:

> *«Porque el que habla en lenguas no habla a los hombres, sino a Dios; pues nadie le entiende, aunque por el Espíritu habla misterios... Porque si yo oro en lengua desconocida, mi espíritu ora, pero mi entendimiento queda sin fruto... ¿Qué, pues? oraré con el espíritu, pero oraré también con el entendimiento; cantaré con el espíritu, pero cantaré también con el entendimiento»* (1 Corintios 14:2,14,15).

Gemidos indecibles. Acercamiento donde nos fusionamos con el Espíritu Santo y Él mismo nos enseña orando por nosotros. En ocasiones, sólo hay lágrimas y no se emiten palabras, sólo gemidos indecibles que significa: «que no se puede decir ni explicar». Pablo señala en Romanos 8:23,26

> *«...y no sólo ella, sino que también nosotros mismos, que tenemos las primicias del Espíritu, nosotros también gemimos dentro de nosotros mismos, esperando la adopción, la redención de nuestro cuerpo... Y de igual manera el Espíritu nos ayuda en nuestra debilidad; pues qué hemos de pedir como conviene, no lo sabemos, pero el Espíritu mismo intercede por nosotros con gemidos indecibles».*

Estos elementos pueden operar combinados en tu vida, según la temporada que estés viviendo, pero siempre el tiempo debe estar disponible para alcanzarlos.

La distracción ataca por lapsos, pero puede ser discernida y dominada.

Un hermano en una ocasión me insistía, en que no le daba el tiempo para orar bien como él quería, cuando lo iba a hacer su mente se distraía con facilidad y no sabía por qué orar. Me senté con él y comenzamos a analizar su día. Cuando completamos el análisis de sus horas disponibles sin restar las horas de sueño, ¡Sorpresa! descubrimos que entre periodos, tenía disponible cinco horas. Procedí a preguntarle:

–¿Qué haces con esas cinco horas?–

Me contestó:

—*Es el tiempo que atiendo a mis hijos*–.

Le dije:

–*¡Bien! tiempo importante y valioso*. Resta de dos a tres horas, todavía nos quedan dos–.

Me dijo:

—Bueno, a veces juego un ratito un juego en mi celular, o me siento a mirar las noticias o simplemente otras programaciones–.

Entonces, encogiéndose de hombros me dijo:

—*Para todo hay tiempo, verdad*–.

¡Claro que si! –conteste pero debes reconsiderar que cosas tienen prioridad, pues la estrategia muy usada por el enemigo de las almas para derrumbar tu devoción, es la distracción–. La distracción es algo que llega por lapsos y puede ser discernida.

He aquí algunas de las señales cuando eres atacado por la influencia de la distracción:

- Cuando estás aburrido u ocioso y no encuentras qué hacer.

- Cuando el descanso lo inviertes en entretenimiento, porque necesitas despejarte.
- Cuando siempre a la hora de orar aparece algo para ocupar tu tiempo.
- Cuando estando de rodillas tu mente se da un viaje a muchos lugares, oficina, escuela, casa, excepto a la presencia de Dios.
- Cuando comiences a sentir que puedes subsistir sin orar.
- Cuando encuentras muchas excusas para no tener devoción tomando por excusa el cansancio.
- Cuando te ves amenazado con entrar en un ciclo de conformismo con expresiones como: ¡Dios entiende!, ¡Él sabe que somos humanos!.

Amado lector, si fielmente has seguido esta lectura, recordarás que no pretendo generar sentimientos de culpa; más bien una reacción ante la distracción devocional. Todo está en esquivar los aparentes *"cantos de sirena"* que nos quieren distraer de nuestro norte, como en la fábula que compartí al comienzo de este capítulo, distraernos de nuestra orilla, para que nos estrellemos contra los arrecifes de la vida en sentido figurado.

La pregunta que surge es: ¿Cómo lo hago? Te garantizo que lograras mantenerte despierto en alturas si te usas de los elementos de oración antes expuestos. Bien, si tienes una hora de almuerzo en tu empleo y lograste almorzar en media hora, en vez de ir a las distracciones de este siglo moderno como, Facebook, Twitter, WhatsApp, Instagram, alguna aplicación de juegos o verificar si alguien te envió un email, invierte esa media hora en el reino de Dios, leyendo su Palabra, orando o adorándole. Si tu televisor está en tu recámara frente a tu cama, no la enciendas para dormir, puede haber un programa interesante que te robará el sueño, haciendo que te quedes dormido más tarde y en efecto dominó, por cansancio, no te levantarás a tener tiempo devocional con el Espíritu Santo. Recomiendo, si eres de los que no toma el sueño rápido, incorpores como estrategia la lectura de un libro o de la Biblia en tu cama. La lectura colabora a que los ojos se llenen de sueño y en un breve lapso, podras quedarte dormido. Si estás en tiempo laboral, ora al momento por tus compañeros de trabajo o escuela. Así tu tiempo se mantendrá ocupado en orar por otros, mientras haces tus labores, y cumplirás con el mandato «*Orar sin cesar*». Si te ves en la necesidad de entrar a una de tus redes sociales, ocúpate en el reino de Dios y en vez de sentarte a verificar actualizaciones, escribe que en ese instante estarás orando por todo el que tenga una petición. Comienza a orar uno a uno, usando en el Espíritu los elementos de oración.

El peor peligro es abrir puerta a la distracción y dormirte en las alturas... de seguro te caerás de ellas.

En lo personal, trato de que mientras estoy en un tiempo devocional nada me interrumpa. En momentos por no haber sido firme con esto; Dios me entregaba algo para anotarlo o me dejaba entender un misterio bíblico y así de sencillo se me olvidaba. Son muchas las cosas que tratan de distraernos cuando estamos en alturas con Dios. Esto fue lo que le sucedió a Eutico, mientras el apóstol Pablo enseñaba, él estaba en alturas y una pequeña distracción lo empujó a dormirse. El peor peligro es abrir puerta a la distracción y dormirte en las alturas... de seguro te caerás de ellas. Establezco que Dios te ha dado dominio propio y la capacidad de discernir las distracciones que quieren hacer chocar tu barca contra los arrecifes de la vida, (2 Timoteo 1:7). Si abrimos puertas a la distracción, veremos nuestro edificio devocional derrumbarse. No señalo que sea malo tener tiempo de recreaciones, al contrario,¡Tengalo! Pues es necesario para tener una vida balanceada; mas bien, me refiero a momentos donde un lapso devocional aquí y otro allá, me ayudará a sostenerme firme en mis alturas ante esta vida tan ajetreada y distractora.

«Ora conmigo»

Padre, ayúdame a discernir cuando algo quiera distraerme. Ocúpame en ti, coloca la necesidad de frente para ser instrumento tuyo. Enséñame a orar usando todas las escalas de oración. Declaro que todo factor de distracción se seca y mi atención se re enfoca hacia ti. En el nombre de Jesús. ¡Amén!

CRÓNICAS DE UN

Intimo

«CUANDO HABLAMOS DE TRIGO Y
CISAÑA PENSAMOS EN LA GENTE,
PERO JESÚS HABLA DE PENSAMIENTOS
Y ACCIONES; POR QUE UN
PENSAMIENTO AFIRMADO PRODUCE
UNA FORTALEZA MENTAL Y ESTO
GENERA UNA IDENTIDAD..»

#CODIGOINTIMO
COMPARTE EN:

DESINTOXICACIÓN DEVOCIONAL

CAPÍTULO V

"Hazme oír gozo y alegría, y se recrearán los huesos que has abatido" (Salmos 51:8 RVR1960).

"Ésta tenía una hermana que se llamaba María, la cual, sentándose a los pies de Jesús, oía su palabra. Pero Marta se preocupaba con muchos quehaceres, y acercándose, dijo: Señor, ¿no te da cuidado que mi hermana me deje servir sola? Dile, pues, que me ayude. Respondiendo Jesús, le dijo: Marta, Marta, afanada y turbada estás con muchas cosas. Pero sólo una cosa es necesaria; y María ha escogido la buena parte, la cual no le será quitada."
(S. Lucas 10:39-42 RVR1960)

Era una tarde de domingo del mes de abril, dos equipos del Baloncesto Nacional Americano conocido por sus siglas (NBA) se enfrentaban. El Heat de Miami contra los Pistons de Detroit. El equipo de Detroit y su gerencia tenían muchas expectativas de su jugador estelar llamado Grant Hill; un joven que por sus

*primeros años de carrera en la NBA, se esperaba fuese el
sucesor del afamado jugador Michael Jordan. Sus fanáticos
esperaban que este jugador los llevase profundo en eliminato-
rias (playoffs), para así ostentar el campeonato. En el primer
juego contra el Heat, mientras trataba de encestar, Hill sufre
una lesión muy fuerte, una fractura en el tobillo izquierdo. Joe
Dumars, gerente general del equipo para aquel entonces,
cansado de las lesiones de Hill, decide prescindir de los servicios
del jugador, y lo introduce en un contrato de cambio con los
Orlando Magic. Hill en lágrimas, testificó que fue muy frustrante para él este cambio, pensaba que su carrera terminaría.
Un día, un médico le recordó a Hill que tipo de persona fue su
padre y el estilo de vida del mismo diciéndole:*

*—Tu padre fue un excelente jugador de football americano, no
sólo por sus habilidades, también por su estilo de vida alimenti-
cio, pues era vegetariano, Cambia la forma en cómo te
alimentas y cambiarás la forma en cómo te desempeñas—
destacó el doctor.*

*La estrella de la NBA, Grant Hill puso en práctica el consejo y
comenzó a alimentarse correctamente. Esto mejoró su desempeño como jugador, y al bajar de peso, redujo el impacto de las
lesiones, lo cual le permitió obtener más contratos hasta su
retiro, siendo uno de los jugadores mas longevos de la NBA;
además de la posibilidad de ser el próximo exaltado al salón de
la fama. Él testifica hoy día que el resurgir de su carrera
comenzó cuando cambió sus hábitos alimenticios.*

~

ES NECESARIA UNA REFORMA DE LA REFORMA

*U*n concepto muy errado, estorba la descodificación de principios ideales para tener una vida devocional saludable. Es menester cuando me exprese acerca del Espíritu Santo, por nada le desligue de los actos de devoción de cada creyente. El no conocer la magnitud a la que se extiende tu devoción en relación con tu experiencia cada ves que asistes a un culto, podría resultar intoxicante para tu relación con el Espíritu Santo. Esto es parte integral de tu consagración, y sucede en la comunión (*koinonia gr.*[1]) de la iglesia a la que asistes. La liturgia; entiéndase por el conjunto de prácticas establecidas por el hombre para regular el orden del culto, tiene mucho que ver con la salud de tu vida devocional. Esto me conduce a preguntarte:

¿Cómo manejan la adoración en la iglesia que te congregas? ¿Sabías que esto influye en tu estado de ánimo y por consiguiente en tu relación con Dios?

Muchas congregaciones bien intencionadas, pero mal orientadas en su mayoría, manejan su sesión de adoración (entiéndase por los cánticos de apertura del servicio) desde una óptica de Dios hacia el hombre y no del hombre hacia Dios. Permítame explicarme; cuando asistes a una servicio de una iglesia y los cánticos que inician el culto están dirigidos a la condición y restauración del hombre y no a exaltar a Cristo; la experiencia de adoración se monopoliza reduciéndose a un culto al "**Yo**". Si analizamos minuciosamente las escrituras encontraremos que nuestro culto racional se supone esté dirigido a Dios. Si bien, ésta aseveración es correcta ¿Por qué razón muchas de las canciones de apertura de nuestras iglesias, están centradas en los problemas y cargas del hombre y no en Cristo? ¿Por que tener cánticos que apelan al individualismo, en vez de invitar a la comunión entre hermanos?

Cuando nuestras melodías estén centradas en los problemas del
ser humano mas que en Cristo; se monopolizará la experiencia de
adoración reduciéndose a un culto al "Yo".

En la década de los ochentas y noventas, las iglesias hispano
americanas sufrieron una transformación con la intromisión de
cánticos a nuestros cultos dándole órdenes al Diablo, gratifi-
cando las pruebas y llenos de conceptos humanistas. No ignoro
que estas melodías tienen su momento, pero dentro del culto a
Dios cuando se suplanta la verdadera adoración con ellas;
mitigan la esencia. Cantos que transformaron la interpretación
de la experiencia de salvación de muchos en algo individual;
cuando la salvación no es individual es personal. De algo estoy
muy seguro y es que si algo atrae la presencia y la manifestación
del Espíritu Santo en un templo, es tener el cuidado de honrar
al Espíritu Santo dandole las primicias de adoración. Las
mayores manifestaciones que he presenciado en una comunidad
de fe, han sido respuesta de un culto racional estructurado bíbli-
camente.

COMPONENTES DE UN CULTO RACIONAL

Un culto racional debe componerse de los siguientes elementos:

1. Una primera sesión donde la devoción es enriquecida poniéndonos
de acuerdo con nuestros hermanos para expresar a viva voz, nuestra
gratitud, con júbilo.

Este principio fue miel destilada del corazón de Dios para mi.
Muchos de los favores de Dios están reservados para ser
desatados al momento que tengamos común acuerdo [Koinonía]
con nuestros hermanos. El salmista David lo expresa en su
cántico gradual; como quien conoce el deseo de Dios:

«¡Mirad cuán bueno y cuán delicioso es Habitar los hermanos *juntos en armonía*! Es como el buen óleo sobre la cabeza, El cual desciende sobre la barba, La barba de Aarón, Y baja hasta el borde de sus vestiduras... *Porque allí envía Jehová bendición*, Y vida eterna.» (Salmos 133;1-3 Rv1960)

Hay un poder tan glorioso cuando en nuestra experiencia de culto nos unimos a nuestros hermanos para adorar; tanto, que Cristo dijo:

«Otra vez os digo: Que si dos de vosotros **se pusieren de acuerdo** en la tierra acerca de cualquier cosa que pidieren, les será hecho por mi Padre que está en el cielo. Porque donde están dos o tres congregados en mi nombre, allí estoy yo en medio de ellos.» (Mateo 18:19 Rv1960)

La expresión [*de acuerdo*] que Jesús usó en el griego es [**sumphóneó**][2]; Termino musical efectivo en una sinfonía cuando las notas musicales armonizan una con la otra; cuando esto sucede en la congregación se manifiesta el '*allí envía Jehová bendición, Y vida eterna*.' Pablo aporta a este tema con su exhortación «*no dejando de congregarnos*» Les garantizo que la vida devocional de algunos hermanos no ha podido crecer porque esta limitada por individualismo; inculcado por canciones que te invitan a *"olvidarte del hermano que esta a tu lado"*, *"Yo no se de ti, pero yo vine a alabar a Dios"* El individualismo ha sido una de las herramientas mas fuertes usadas por el enemigo para empobrecer nuestra vida devocional. Se que hemos vivido circunstancias que nos empujan a llegar a algún culto diciendo: −*No quiero hablar con nadie, ni quiero que nadie me hable*−. Pareciese escucharse muy espiritual, pero la realidad es que estas expresiones empobrecen nuestra devoción. Te ruego no te desconectes de tu hermano, al contrario corre donde alguien dentro del culto y intercede con el, esto enriquecerá tu devoción tan fuerte que el intimar con el Espíritu Santo será algo tan natural y fluido para ti como respirar.

2. *Una segunda sesión que diseñe un espacio donde públicamente podamos expresar nuestra dependencia de Dios y así entrar en un estado de entrega y rendición.*

3. *Una tercera sesión, donde podamos anhelar la provisión de Dios, estando prestos para recibir su manifestación en beneficio de nuestras vidas espirituales y la de otros.*

Un culto que tiene estos elementos presentes, es un culto racional agradable al Espíritu Santo. Mi deseo no es entrometerme en el orden de culto, ni menos en el diseño que Dios le ha dado a cada congregación; pues cada sistema de culto con sus diferentes matices tienen su propósito en Cristo, pero conociendo este principio y poniéndolo en practica, será un deleite la obsesión santa de capturar el corazón de Dios.

Una de las razones que impulsó la primera reforma de la iglesia, fue el repudio a la adoración de imágenes en el Templo. Resulta que hoy día volvemos a necesitar una «reforma de la reforma» pues en esta época no se practica la idolatría adorando entes de yeso o madera, pero se les rinde culto a las crisis o las pruebas del ser humano. Pareciese que lo más importante del culto es nuestra necesidad; que inquirir y contemplar la hermosura de Dios en su casa. El Salmista nos descodifica esto con las expresiones del Salmo veintisiete:

> *Una sola cosa le pido al Señor, y es lo único que persigo:*
> *habitar en la casa del Señor todos los días de mi vida,*
> *para contemplar la hermosura del Señor y recrearme en su*
> *templo.*

Porque en el día de la aflicción él me resguardará en su
morada;
al amparo de su tabernáculo me protegerá, y me pondrá en
alto, sobre una roca.

En el cuarto verso de este capítulo David nos modela un buen ejemplo de un culto racional, ilustrado en estas frases: *...lo único que persigo... es contemplar la hermosura del Señor y recrearme en su templo.* Note que David no entraba al templo exponiendo su problema de primera mano; más bien, ejercita su devoción afirmando su principal propósito al entrar a la casa de Dios. Por consiguiente como si se tratara de alguien que conoce la reacción del Eterno cuando una persona se ocupa de contemplar su hermosura, más que sus propias penumbras; realiza esta afirmación en el verso subsiguiente: *...en el día de la aflicción él me resguardará...* manifestando así total dependencia y confianza en la fidelidad de Dios. ¡Oh, si supiéramos cuanto complace al Espíritu de Dios que manifestemos confianza en él! Por eso necesitamos desintoxicarnos de todo pensamiento plagado de humanismo y centrarnos en Cristo, pues el nos llama a sentarnos a su diestra hasta que ponga nuestras adversidades debajo de nuestros pies (Salmo 110:1 énfasis añadido). ¡Claro! No pierdo de perspectiva que algunas de las frases antes mencionadas tienen su momento dentro del culto; después de entregar un culto ascendente, de nosotros hacia Dios; se manifestará de seguro una actividad descendente de Dios hacia nosotros, para que el cuerpo de Cristo sea edificado.

En oración y estudio en línea con el Espíritu, recibí el acceso a este principio de su código íntimo. Descubrí que mi experiencia de adoración en la iglesia, está muy relacionada a cuán profundo conoceré al Espíritu Santo. Debemos entender que el Eterno se regocija cuando nuestra adoración está correctamente orientada. Cuando llegamos al templo y podemos dejar a un lado lo que necesitamos y pensar en lo que el Espíritu Santo quiere. Si realmente te ha sido revelada la longitud, la anchura, la altura y la profundidad de la gracia y del cuidado de Dios sobre ti, no tendrás problemas en desconectarte de lo que necesitas y conectarte a lo que complace al Eterno. Esto puede ser un buen comienzo para ver grandes mejoras en tu vida devocional. Un gemido del Espíritu, estremece las columnas de esta era moderna. Necesitamos volver a las raíces, y hoy más que nunca necesitamos una reforma de la reforma.

Cuando se ofrece un culto ascendente, de nosotros hacia Dios, se manifestará de seguro una actividad descendente, de Dios hacia nosotros.

TE TRANSFORMAS EN LO QUE ESCUCHAS

Las Escrituras señalan que el hombre es tripartito, es decir, se compone de *cuerpo, alma y espíritu* (1 Tesalonicenses 5:23). Podríamos decir que el ser humano se compone de dos naturalezas: la material y la espiritual. Una parte es carne [cuerpo] y otra espiritual [alma y espíritu]. Cada cual tiene sus necesidades, la material, o sea nuestro cuerpo, necesita de nuestro cuidado alimentándole a diario, por eso comemos tres veces al día e ingerimos líquidos. Estas dos naturalezas, aunque combaten entre sí, son muy parecidas, pues las dos necesitan ser alimentadas. El cuerpo se alimenta de lo que ingiere, de lo que bebe y come, mas el alma de lo que ve y escucha. En el libro de Job, nos es dicho lo siguiente:

«*Porque el oído prueba las palabras como el paladar gusta lo que uno come*» (Job 34:3).

LEUYÍN M. GARCÍA

Por tal razón si nuestra naturaleza espiritual se alimenta de lo que ve y escucha, es imprescindible que cuidemos de nuestra dieta espiritual, cuidándonos de lo que escuchamos y vemos.

Un nutricionista me dijo en una ocasión: «*tú eres lo que comes*». Una expresión que trasciende y la podemos aplicar a nuestra vida espiritual, o sea, «tú eres lo que escuchas». El proverbista dijo:

«*porque cuál es su pensamiento en su corazón, tal es él*»
(Proverbios 23:7).

En otras palabras, te conviertes en lo que piensas de ti mismo. El apóstol Pablo aconsejó a la iglesia de Éfeso, cómo debían construir su vida devocional diciendo:

«*cantando Salmos e himnos y canciones espirituales entre ustedes, y haciendo música al Señor en el corazón*» (Efesios 5:19)

El deseo de Dios por labios del apóstol Pablo, es que todo lo que se construya desde nuestro corazón, debe expresar culto de gratitud y exaltación al Señor, pues todo lo que se construye en el corazón es lo que definirá tu espiritualidad.

Hubo un período de mi vida cristiana, que mis momentos devocionales en oración, eran sumamente inconstantes. Podía estar una semana bien en oración y uno que otro ayuno, pero por alguna razón volvía a caer del escalón espiritual que había alcanzado.

Una tarde mientras oraba, cedí paso a lo que siempre acostumbraba hacer durante ese tiempo, encendí mi radio, puse un cántico, con el propósito de crear un ambiente espiritual en mi cuarto e iniciar mi periodo de oración. Entre palabras me detenía y comenzaba a repetir la letra del cántico que estaba escuchando, que decía: *te sientes cansado y ya no te quedan fuerzas, estás débil y derrotado, entre otras frases.* Mientras cantaba este cántico, me quejaba de mí mismo y le decía a Dios:

—Yo no sirvo, estoy cansado de ser así, ¡cuán ambivalente soy!, trato y trato, pero vuelvo al mismo descuido espiritual, ¡por favor, ayúdame a ser constante en la oración!–.

Al instante, lágrimas de culpa descendían de mis ojos, pero el Espíritu Santo interrumpió mi llanto, diciéndome al corazón:

—*Cambia tu dieta espiritual*–.

Al momento, les confieso, no comprendí nada, pensaba que tenía que ver con mi peso y no con que fuera constante en mi vida devocional. Me sequé las lágrimas y continué con una lectura de la Biblia que había comenzado y me topé con el verso del Salmo 51:8. Dios develó a través del salmista un efecto que da paso a otro. Cámbiame lo que estoy escuchando, «*hazme oír gozo y alegría...*» y volveré a la vida «*...se recrearán mis huesos...*». Es decir, si cambia lo que escucho, cambiará lo que siento y mi situación. Minutos después, volvió a enfatizar el Espíritu Santo diciendo a mi corazón:

—*Cambia lo que escucha tu alma y se recreará tu tiempo devocional*–.

Comencé entonces, en armonía con el Espíritu de Dios a analizar el cántico que había estado escuchando y cantando mientras oraba, sus letras decían: *Te sientes cansado, no te quedan fuerzas, no llores en tu soledad, estoy rompiendo tus cadenas,* entre otras expresiones de dolor y angustia que estas canciones armonizaban. Despues de dicho análisis, el Espíritu de Dios, con voz dulce me preguntó:

–¿Por qué te acercas a mi, cantándome que ya no me sientes, cuando nunca me he ido?–

Y continuó diciendo:

–Desintoxícate de todo cántico que no está acorde con la condición espiritual que al momento tienes–.

–Mi deseo no es (continuó el Espíritu), que todo el tiempo te sientas derrotado, acércate a mí con cánticos de acción de gracias, melodías que me exalten y despierten el anhelo de tu redención, pues has colocado sobre ti una carga que yo no he puesto. Ya es hora de que halla un cambio en lo que está alimentando tu alma–.

Les confieso que desde que comencé a incluir en mis momentos de oración, cánticos que exaltaran a Cristo como mi Señor y dueño todo cambió. Esos cánticos que avivan el deseo del retorno de nuestro Señor por su iglesia, poesías y salmos alusivos al placer que produce el estar a solas con Él. Este cambio contribuyó aumentando mi sed por su presencia y produjo que mi vida devocional cambiara para bien. La culpa y la incertidumbre que me invadían cuando oraba en el ayer, ahora habían sido suplantadas por manantiales de lágrimas redentoras albergadas por regocijo.

Al reflexionar en esta experiencia me pregunté: ¿Cómo alguien libre en Cristo puede cantar, *rompe mis cadenas*? ¿Cómo alguien lleno del Espíritu Santo, que ha sido renovado, puede cantar en oración que se siente cargado y sin fuerzas? (Debo aclarar que esto no quiere decir que alguien que ha sido renovado por el Espíritu, no tenga momentos de debilidad) ¿Cómo alguien con relación con Dios, que el Espíritu Santo esta con él, puede cantar que se siente solo? Al señalar esto, no pretendo por nada cancelar la efectividad de cánticos alusivos a la restauración y liberación del hombre ¡Por supuesto que no! Todo eso es efectivo en personas que están caídas, atadas, sin fe, sin esperanza o sin fuerzas; mas bien, pretendo apuntar que la música que uses para orar debe estar de acuerdo a tu condición espiritual de ese instante. Si tienes una buena relación con el Espíritu Santo, ¿por qué llegar con sentimientos de culpa delante de él, cuando el sentir del Espíritu es de celebración? El no conocer estos detalles, puede limitar que disfrutemos el acercarnos a Dios devocionalmente. Siempre los cánticos que seleccionemos para intimar con Dios en oración, deben estar en acuerdo con la obra que el Espíritu Santo está realizando en ti.

CAMBIANDO NUESTROS HÁBITOS AUDITIVOS

Desde que cambié los cánticos auxiliares que uso para orar, mi mente no se distrae con facilidad. Cuando oro, no me siento desconectado del cielo y puedo rápidamente comenzar a interceder por otros, no como un culpable; más bien, como alguien perdonado, no como un extraño; más bien, como un amigo, no como un esclavo, como hijo. A veces se nos complica tanto encontrar la conexión cuando estamos orando, por culpa de toda la comida chatarra (en sentido figurado) que le hemos dado durante el día a nuestra alma. Si pasamos el día escuchando emisoras seculares con programas chabacanos o programación plagada de contiendas políticas, mermará mi efectividad al orar. Si invierto largas horas intoxicando mi alma con el veneno de chismes, malas conversaciones y palabras de personas llenas de pesimismo y destrucción, me convertiré en un ser con espiritualidad contaminada, pues lo que alimenta mi atención capturará mi alma. No hablo de vivir como si no estuviera en este planeta; es que durante el día, como la novia que se atavía o se prepara para el esposo; debemos vivir preparándonos para nuestro encuentro devocional con el Espíritu Santo. Si prestas tu atención y audición a todo lo que nutra tu alma, no habrán vidas devocionales diabéticas, o con alta presión y como el baloncestista Grant Hill (en sentido figurado) minimizaremos en una gran cifra las lesiones espirituales.

LEUYÍN M. GARCÍA

LOS VERDUGOS TÓXICOS

Otra de las cosas que limita a muchas personas de tener una intimidad saludable con el Espíritu Santo son conocidas como «la ansiedad y el afán». Estos son los verdugos y a su vez asesinos principales de una vida devocional. Ahora bien, ¿A qué clase de afán y ansiedad me refiero? ¿Al afán por el empleo?, no. ¿A la ansiedad por resolver un conflicto? ¡tampoco!, entonces, ¿a qué clase de afán y ansiedad hago referencia? *Me refiero al afán y ansiedad por sentirnos aprobados por Dios.* En muchas ocasiones cuando eres arbitrariamente expuesto a cánticos y expresiones alusivas a una ruina espiritual, el afán y la ansiedad por sentirte aprobado por Dios, se confabularán y conspirarán en contra de tu relación con el Espíritu Santo. Sí, son esbirros de las tinieblas cuyo objetivo es destrozar las buenas intenciones y anhelos de muchos cristianos.

La ansiedad y el afán se despertarán, cuando se acepte y se le preste atención a mensajes, canciones o pensamientos de condenación; cuyo propósito es señalar un problema, sin brindar estrategias para resolverlo.

Por mucho tiempo he sido testigo de cómo la ansiedad de aprobación, ha destrozado la fe de nuevos creyentes; y aún, de personas experimentadas en el camino del Señor. Resulta doloroso saber que alguien que ha resucitado a la realidad de un mundo invisible, que no puede ser visto con ojos carnales, comience su travesía cristiana intoxicado devocionalmente por sentimientos que le generan desánimo. Nunca olvido, una joven, que los sentimientos de afán y ansiedad, secuestraron su felicidad, ella confesaba acerca de si misma, muy constantemente, no agradar lo suficiente a Dios. A tal magnitud fue

secuestrado el gozo de la salvación en ella, por estos sentimientos de ansiedad, que cayó en un estado de depresión religiosa atentando contra su propia vida por medio de un intento
de suicidio. Por consiguiente, por consejo de su psicólogo, se
alejó de la iglesia. Reflexionemos por un momento sobre esta
anécdota ¿Sería ese el deseo de Dios? ¿Que una joven sincera
terminara con una depresión religiosa? ¡Por supuesto que no! El
problema de ella, como de otros, consiste en que debes acércate
a Dios confiadamente y desintoxicarte de la mentalidad que
debes orar hasta sentirte aprobado. Debemos comprender que
no se trata de lo que sientas; mas bien trata de la verdad que te
ha sido revelada. El hecho de que somos aprobados por los
méritos de Cristo y no por nuestros propios esfuerzos. Por tal
argumento debes con diligencia echar a un lado la ansiedad de
sentir y sólo comenzar a creer.

YA FUIMOS ACEPTADOS Y APROBADOS EN CRISTO

Con el deseo de aterrizar este concepto, permítame enseñarle
que los hijos de nuestro Padre Eterno, no oramos para ser aceptados o aprobados por Dios; mas bien, oramos porque ya
fuimos aceptados y aprobados por Él. Es decir, no oramos para
ser aceptados, sino como dice la Palabra de Dios, ya somos
aceptos en el amado «Efesios 1:6». En muchas de nuestras iglesias se usan expresiones las cuales añaden y contribuyen con
este sentimiento, Estas palabras destacan el enfoque sobre
nuestro propio esfuerzo y mérito, no sobre Jesucristo. Resulta
mejor educar a las personas que busquemos a Dios porque
queremos ser sus íntimos; mas que por pagar un precio para
tener acceso a algo que deseamos.

---

*Nunca permitas que las interpretaciones forzadas de algunos,
cambien tus deseos de orar por ansiedad para orar.*

Recuerdo mis primeros meses luego de entregarme a Cristo, había leído algunos libros acerca de la oración, los cuales despertaron en mí un deseo que el Espíritu Santo me tuviera por apto para acercarme y acepto para que me usara. Escuchaba constantemente expresiones desde el púlpito, como estas: «El que no ora y ayuna Satán se lo desayuna» «Si quieres que Dios te use, ora mucho» «El que no ora una hora mínimo al día, está a la merced de las tinieblas» «Si tú quieres agradar a Dios ora mucho». Cabe la posibilidad amado lector, que mientras citaba estas expresiones y leías, las afirmaras asintiendo con tu cabeza o hasta de tus labios se escapo un *¡así es!*, pero en mi vida devocional estas expresiones fueron culpables de generar ansiedad religiosa; más que un deseo de profundizar con Dios. Esto, sin lugar a dudas, asesina una vida devocional. Cuando en mi vida acepté por ciertas estas expresiones ya señaladas, **el deseo de orar cambió por ansiedad para orar.** Sentía que si no oraba lo suficiente (de modo que emocionalmente me sintiera satisfecho) Dios no me vería apto para usarme cuando lo necesitara ¡y aun más! pensaba que si en la mañana salía a la calle sin orar, automáticamente perdía la protección de Dios sobre mi vida y quedaba a la merced de las tinieblas. Sabe usted cuantas veces salí predispuesto a tener encontronazos con mis compañeros de trabajo o el sin número de ocaciones que perdía mi paz y alegría por el temor de tener un accidente automovilístico por salir de mi hogar sin orar. Esta ansiedad hizo estragos en mi vida. En ocasiones en la noche antes de acostarme le prometía a Dios que al siguiente día estaría en ayuno o en oración a una hora en específico, pero como me había acostado tan cansado, ¿Sabe qué sucedía?, ¡no me levantaba!. Al abrir mis ojos, recuerdo que un agobiante sentimiento de culpa se apoderaba de mi corazón. ¡Le había prometido a Dios levantarme en oración y le había fallado, otra vez! Pasaba toda mi jornada laboral pensando lo mal cristiano que era y cómo le había fallado a Dios. Era tanta mi ansiedad y mi afán, que afectaba hasta mi desempeño en el trabajo, mi estado de ánimo y mi trato para los que me rodeaban. Al regresar a mi hogar en la noche, tenía tanta culpa agolpada que no me atrevía ni tan siquiera orar, pensaba que no valía el esfuerzo pues Dios no me escucharía. Pasaba días latigándome (en sentido figurado) hasta que sentía que la culpa se disipaba, entonces oraba para que Dios me perdonara, diciendo: —*Señor, tú sabes que quiero agradarte, anhelo que me aceptes–*.

Esto se transformó en un círculo vicioso que no me dejaba disfrutar la experiencia de la salvación a plenitud. ¡Claro! A través de estas expresiones no te invito a bajar la guardia y descuidar el habito de la oración matutina; mas bien, pretendo abrazar el concepto escriturar,que la cobertura de Dios en tu vida permanecerá no importando tus circunstancias. Si esto te sucedió, nada evitará que el Espíritu Santo te escuche, consuele y fortalezca en cualquier instante. Toma medidas y realiza ajustes para que al siguiente día no pierdas la hermosa bendición que es hablar con Dios en la mañana.

MODIFICANDO MIS MOMENTOS DE INTIMIDAD

No olvido que una de esas noches ya mencionadas, le dije al Señor: —*te prometo que me voy a levantar a las cuatro de la mañana a orar.* Pero al día siguiente no escuche el despertador. Recuerdo que comencé a llorar en el cuarto de baño molesto conmigo mismo, pero algo distinto sucedió esa mañana, algo que rompería el ciclo de auto-conmiseración. El Espíritu Santo iluminó mi entendimiento inquietándome a leer las escrituras y tropecé con el siguiente texto:

«en amor habiéndonos predestinado para ser adoptados hijos suyos por medio de Jesucristo, según el puro afecto de su

voluntad, para alabanza de la gloria de su gracia, con la cual nos hizo aceptos en el Amado» (Efesios 1:5,6).

¡Esta palabra fue liberadora! Y me preguntó en ese instante el Señor:

—¿Por qué te afanas para que te acepte, cuando ya te acepté?—

Y continuó hablando a mí corazón:

—Deja a un lado tu afán, tu pena y ansiedad, sólo siéntate a mis pies a disfrutar mi presencia—.

No entendía que toda la solución a mis problemas estaba en dejar de afanarme por ser aceptado y sentarme a sus pies como un hijo que ya era acepto en Cristo. Ese mismo día, Dios me entregó otro aspecto del código de intimidad con el Espíritu Santo. Su voz me empujó a modificar mis momentos de intimidad. Cambié el habito de **prometerle** a Dios por **proponerme** en mi corazón. ¡Mucha atención! amado lector, aquí le entrego otro aspecto de este código para crecimiento de tu vida espiritual, cambia el prometerle a Dios que harás, por proponerte en tu corazón qué harás. Cuando le prometemos a Dios y fallamos en cumplirle, su Espíritu se entristece, por tal razón no es necesario que para afirmar tu compromiso de cambio, incurras en hacerle promesas a Dios. Educa tu vida espiritual aprendiendo a proponerte en vez de prometerle.

Cambie el habito de prometerle a Dios, por proponerse en su corazón.

Un buen ejemplo lo encontramos en la historia del profeta Daniel. Él mismo usaba esta expresión abundantemente con relación a su vida devocional. En Daniel 1:8; el profeta **propuso**

en su corazón no contaminarse con la comida del rey. Si te das cuenta no juró por su diestra (frase común entre los hijos de Israel). No prometió, sólo se propuso. En el evangelio de Lucas 21:14; el mismo Jesucristo usa este término, *'propuso en su corazón'*. En 2 Corintios 9:7; el apóstol Pablo también lo usa. ¿Qué es lo que quiero resaltar ante usted? No es tener falta de compromiso, tampoco que vivas sin comprometerte con Dios en oración; mas bien, señalo, que cuando le prometes a Dios y no cumples, pones peso sobre ti y esto fatiga tus deseos e intentos de comprometerte con la oración de nuevo, porque no deseas volver a fallar.

Muchos se frustran al escuchar ministros alardear relatando sus largas jornadas de oración, para alimentar su ego, obviando que también ellos han vivido momentos, donde tratan y tratan pero no localizan a nuestro Rey. Sencillamente amado lector, si un día propusiste en tu corazón orar a cierta hora y no te levantas, no dejes de sentarte a los pies de Jesús y atenderlo en oración por el hecho de no haber cumplido con el horario. Ora a la hora que te levantes. Echa a un lado la ansiedad y el afán religioso y no tengas temor de acercarte a Jesucristo. Recuerda, cuando estés a sus pies como María, siempre habrá una Marta afanada en sus tareas (en sentido figurado) tratando de obligarte a que hagas lo mismo que hizo ella, *te afanes*. Perdiéndose así, tus momentos a solas y por consiguiente se debilité tu devoción.

Es menester comprender que las Martas de esta vida sirven, oran y ayunan para agradar a Jesús y por instantes estando Jesucristo en casa, lo tienen desatendido. Sin embargo quienes son como María toman la mejor parte, porque saben que no son aceptos(as) por lo que hagan o dejen de hacer, no por un precio que paguemos, pues ya Cristo lo pagó por nosotros. Tampoco por nuestros esfuerzos, sino; más bien, por la obra redentora de Cristo a través de la intervención del Espíritu Santo.

~

«Ora conmigo»

Padre, en el nombre de Jesús, activa en mí discernimiento.
Dame la capacidad de escudriñar mi corazón, cuando el afán y
la ansiedad religiosa tomen ventaja en mi vida devocional.
Permíteme, como establece tu Palabra, echar toda ansiedad
sobre ti. Cancelo la duda, todo sentimiento de culpa, temor y
lejanía de tu presencia. En el nombre de Jesús, restaura el
corazón y la fe del que cree que tú no le escuchas y despierta en
mí, la confianza de acercarme a ti como acepto y no como
alguien que busca tu aprobación. ¡Hoy, como Job, hago pacto
con mis ojos! ¡Amén!

---

1. **koinonía** [κοινωνία] comunión, comunicación, participación, compañerismo. Tomado del diccionario y concordancia [Strong] #2842
2. **sumphóneó** [συμφωνέω] transliteración del gr. Tomado del diccionario y concordancia de términos griegos [Strong] #4856.

CRÓNICAS DE UN

Intimo

«NO OBVIAMOS QUE MUCHAS
EXPERIENCIAS DEL PASADO
ALIMENTAN LA FE DE TU PRESENTE,
PERO ESTO SE DA CUANDO ESTÁS EN
UNA ETAPA DE RESISTENCIA, NO DE
CONSTRUCCIÓN DEVOCIONAL»

#CODIGOINTIMO
COMPARTE EN:

BOTANDO LOS ZAPATOS VIEJOS

CAPÍTULO VI

BOTANDO LOS ZAPATOS VIEJOS

"Hizo lo recto ante los ojos de Jehová, conforme a todas las cosas que había hecho David su padre. Él quitó los lugares altos, y quebró las imágenes, y cortó los símbolos de Asera, e hizo pedazos la serpiente de bronce que había hecho Moisés, porque hasta entonces le quemaban incienso los hijos de Israel; y la llamó Nehustán. En Jehová Dios de Israel puso su esperanza; ni después ni antes de él hubo otro como él entre todos los reyes de Judá. Porque siguió a Jehová, y no se apartó de él, sino que guardó los mandamientos que Jehová prescribió a Moisés"
(2 Reyes 18:3-6).

Una tarde de verano, un niño jugueteaba en la plaza de su pueblo. Mientras correteaba con otros niños, una imagen de un escaparate en una tienda, le cautivó. ¡Increíble! —exclamo el

niño, al quedar vislumbrado por unos zapatos en charol blanco. Corrió a casa para pedirle dinero a su madre y así poder adquirirlos. Su madre en un tono hostil le gritó: ¡trabaja para que te los compres! El niño entristecido, optó por trabajar el verano hasta reunir el dinero para comprarse los zapatos. Hacía mandados, cortaba grama y lavaba autos, hasta que logró juntar el dinero para comprar los zapatos que quería. Habiendo adquirido los zapatos que tanto anhelaba, todos los domingos iba a la iglesia mostrando el lustre de su charol blanco. Pasado el tiempo, como es de saber, el pie del niño creció y ya no le quedaban dichos zapatos. Él recordaba todo lo que había trabajado para adquirirlos y no quería deshacerse de ellos, pero al momento tenía necesidad de unos nuevos.

A una semana del cumpleaños de este muchacho su madre salió a comprarle un regalo y estando en la tienda le dice a una amiga que le acompañaba: —quisiera regalarle a mi hijo unos zapatos nuevos de charol blanco, pues una vez me pidió unos y no tuve en aquel entonces el dinero para comprárselos, pero cada mañana entro a su recámara y veo en el guardarropas los zapatos de charol que hace años él mismo se compró, como todavía le sirven y los a cuidado muy bien, no hace sentido que le regale los mismos. ¡Mejor le compró una camisa!– y procedió a comprársela.

Llegó el día del cumpleaños del joven. Le cantaron y realizaron el famoso soplido de las velas del pastel.

–¡Cierra los ojos, tengo una sorpresa para ti!— exclamó su madre.

–¡Estoy seguro que son unos zapatos de charol blanco, pues los que tengo ya no me sirven!— Gritó el jovencito, pero al abrir la caja, ve que era una camisa. Muy desilusionado el joven le dice a su madre:

–¿Por qué no me compraste mejor unos zapatos para ir a la iglesia los domingos?–

Sorprendida por la reacción de su hijo respondió su madre:

—*Cada mañana veo en tu guardarropas que los zapatos de charol blanco están ahí, y pensé, por eso, que no necesitabas unos nuevos–.*

Y sentando al muchacho sobre sus piernas le dijo:
—*hijo, si hubieras botado los zapatos de charol, cuando dejaron de servirte, de seguro te habría regalado unos nuevos para tu cumpleaños. Cuando uno quiere algo nuevo tiene que hacerle espacio y aprender a despachar lo viejo—*

~

LOS SECUACES DEL LETARGO ESPIRITUAL

*T*e invito a mirar a los ojos y confrontar conmigo a dos socios crueles, culpables del retraso de algunas promesas o palabras proféticas en nuestras vidas. Estos son conocidos como: *añoranza*[1] *y procrastinación*[2]. Uno se alimenta de nuestro ayer y el otro de nuestro mañana. Todo el que cae en sus redes, convierte su devoción en un fracaso. Uno te hace sentir tan satisfecho con lo sucedido, de modo que pierdes apetito por experiencias nuevas con el Espíritu Santo. El otro te hace sentir tan seguro de tu mañana, que pierdes la diligencia del hoy.

Le ruego amado lector, preste mucha atención a la lectura, porque si logra dominar estos dos enemigos, tendrá un setenta y cinco por ciento de su edificio devocional terminado ¿Por qué darle un porcentaje tan alto a esto? La magnitud del por ciento redunda en lo que e descubierto durante años de lucha contra esto, pues muchas experiencias divinas no son recibidas por la falta de acción y diligencia por nuestra parte. Un mar rojo no hubiera sido dividido sin la acción de un moisés que extendiera su vara. Aquel gigante que arengaba contra el pueblo de Israel, hubiese permanecido de pie sin un David con suficiente diligencia para cortarle la cabeza. Por tal razón es de mucha importancia que trascendamos de estar estancados en lo maravilloso que una vez vivimos, a lo sorpresivo y lleno de expectativas conocido como el **hoy**. Para alcanzar nuestro objetivo, compartiré algunos herramientas para vencer las añoranzas y la procrastinación.

¿QUÉ PRODUCE LA AÑORANZA Y LA PROCRASTINACIÓN?

Todos en algún momento de nuestra experiencia de vida cristiana, nos hemos sentido felices y satisfechos con algún objetivo espiritual alcanzado, de tal manera que inconscientemente pensamos que ninguna nueva experiencia será mayor a la que ya hemos vivido.

De manera inconsciente menospreciamos nuevas experiencias con el Espíritu Santo, al sentirnos saciados con lo vivido. Nos jactamos (quizás no en una forma maliciosa) diciendo: –*Jamás volveremos a tener servicios o cultos como en el ayer*– o –*En el ayer Dios se manifestaba más fuerte que en estos tiempos*–. Tal vez, mientras lee su acción sea afirmativa ante las frases mencionadas, pero todas estas expresiones asesinan tu hambre por nuevas manifestaciones del Espíritu Santo. Cuando repetidamente declaramos que los tiempos de ayer, son mejores que los de hoy, mostrando apego a nuestro ayer, le llamamos a Dios mentiroso. ¿Por qué mentiroso? el profeta Hageo comunicó la intención del cielo en torno a la manifestación de su gloria y postuló a la gloria próxima como mayor que la primera.

«*La gloria postrera de esta casa será mayor que la primera...*» (Hageo 2:9).

Cuando constantemente llamas liviana la manifestación de Dios en la actualidad, señalando que la de ayer era mayor, tendrás crisis de añoranzas. La crisis de añoranza es vivir apegado a lo sucedido, de modo que no permito espacio a lo que está próximo a suceder espiritualmente, siendo capturado por un espíritu de letargo.

Cuando constantemente llamas liviana la manifestación de Dios en la actualidad, señalando que la de ayer era mayor, tendrás crisis de añoranzas.

Si algo debes comprender en el desarrollo de tu devoción al Espíritu de Dios, es que el pasado nunca podrá sustentar tu presente. Por supuesto no obviamos que muchas experiencias del pasado alimentan la fe de tu presente, pero este fenómeno se da cuando estoy en una etapa de resistencia, no de construcción devocional. Mientras vaya creciendo tu vida espiritual, tus necesidades serán diferentes. Al igual que el zapato del niño, como en la historia relatada al pie del capítulo, llegará el tiempo de crecimiento y aquel zapato que tanto te gustaba (en sentido figurado) no te servirá mas. Así son muchas manifestaciones de Dios en nuestra vida. Estas manifestaciones operan como andamios. Un andamio colabora a la construcción de una estructura por un lapso de tiempo, pero cuando el edificio se termina, el andamio debe ser removido. No lo botas, sólo lo remueves y lo guardas, porque si luego de terminado el edificio lo dejas frente a la estructura dará la impresión de que la obra no se ha terminado aún.

Esto fue lo que sucedió durante el reinado del rey Ezequías, el cual se encontró con una manifestación de Dios perpetuada. Los hijos de Israel habían guardado la serpiente de bronce en el templo y le encendían inciensos en conmemoración ante lo que Dios había hecho en el ayer. El libro de Números capítulo veintiuno, el mismo Dios, le ordena a Moisés, que levantase una serpiente de bronce para la sobre vivencia de los hijos de Israel. Por tanto, la serpiente de bronce, era el recuerdo de una de las manifestaciones de la presencia de Dios, que salvo la vida de un pueblo que había pecado con el uso de la murmuración.

Dios le ordenó a Moisés construirla, para fuese un medio de salvación en aquel instante, no pensando en la continuidad del uso, por tal razón al entrar al reinado Ezequías, una de sus primeras ordenes ejecutivas fue quemar la serpiente de bronce. ¿Por qué quemarla? La respuesta es sencilla, para los hijos de Israel la serpiente era el recuerdo tangible y visible de una de las manifestaciones de Dios y habían comenzado a adorar el método [la manifestación] y no al Dios de los métodos. Cuando en tu vida, de manera no intencionada, lo experimentado en el ayer ocupe tu adoración y quite lugar ha que algo nuevo pueda suceder en tu vida, Dios siempre ordenará que quiebres esas serpientes de bronce. Me refiero a esos recuerdos de manifestaciones de Dios, que te han hecho sentir saciado y falto de expectativa, con respecto a tu vida devocional.

El pueblo de Israel continuamente estaba muy apegado al ayer, y ante una provisión milagrosa de alimento diario, preferían la comida del pasado, los ajos y las cebollas de Egipto. Es decir, aquella que gustaban como esclavos y llamaron liviana a la manifestación de provisión diaria del cielo [El mana] que lo disfrutaban siendo libres. Era como decirle a Dios −El alimento de ayer estaba mejor que el de hoy, prefiero la comida de esclavo que el alimento de los libres−. Si recuerda amado lector, el maná tenía dos condiciones para recibirlo que impedían el paso de las añoranzas. Sus condiciones eran estas:

- Caía del cielo a tempranas horas de la mañana.

- Debían recogerle a diario [pues no se podía almacenar],
de intentar almacenarlo se descomponía.

De igual forma, Dios nos invita a tener relación con Él a tempranas horas y día tras día. Las experiencias del ayer no las podemos almacenar, para que cada día demos paso al hambre de tener nuevas experiencias en su presencia. Por esto sus misericordias no son iguales que las de ayer; mas bien, son nuevas a cada mañana (Lamentaciones 3:22,23).

A la altura de esta lectura, no pretendo establecer que olvidemos lo que Dios ha hecho en nosotros; mas bien, que hay momentos donde debemos quebrar esas serpientes de bronce y entender que Dios todavía quiere sorprenderte una vez más, con experiencias nuevas y mayores a las antes vividas. Aunque tengamos años en el evangelio, el Espíritu Santo cada día está dispuesto a bendecirnos, renovarnos y restaurarnos.

ESTABILIZANDO MI VIDA DEVOCIONAL

Una noche cuando batallaba entre si entraba en vigilia o no, el Espíritu Santo me enseñó este principio para estabilizar mi vida devocional. La semana anterior había tenido un ayuno de siete días. Muchas experiencias hermosas con Dios habían sucedido y una semana después me sentía satisfecho. Sentía que había alcanzado mucho espiritualmente, que no debía fatigarme con vigilar otra noche más. Fue cuando el Espíritu Santo me iluminó con esta historia del rey Ezequías, al quebrar algo que en el ayer fue una manifestación de Dios. El Espíritu, ministró a mi corazón diciendo:

—*Todo lo del pasado que no dé espacio a que te traiga algo nuevo, debes removerlo. Yo, no estoy satisfecho con lo que te he dado hasta ahora, y tu, no debes estar satisfecho con lo recibido. ¡Quiebra tu serpiente de bronce!* — enfatizó el Espíritu de Dios.

Desde ese instante, dejé de medir mis bendiciones por los ayunos y vigilias que había realizado. Abandoné el mal hábito de pasarle factura a Dios con mis exigencias, por lograr cumplir con un tiempo de oración. Entendí que estaba frente a un Dios insatisfecho, ¡Si un Dios inconforme! Que nos ama a tal profundidad. Un Dios que anhela, que de igual forma, nuestros corazones se muestren inconformes con lo que hasta el momento hemos vivido en su presencia. Que actuemos como Moisés; tomemos una caseta en sentido espiritual y corramos a las cumbre de nuestra alcoba y le digamos; gracias por tu favor, por tus prodigios, pero no he subido buscando eso... he venido por una sola cosa y no me detendré hasta que me la entregues, *'te ruego, muéstrame tu Gloria'.* Dios insiste diciendo: –Moises, no hay hombre que me vea y viva–. Pero moisés insistía como si le dijese a Dios: –Prefiero morir y verte, que no verte y seguir vivo–. Hay fuentes en Dios que solo pueden ser derramadas sobre ti si le preparas una emboscada de amor, si lo acorralas en las montañas de tu devoción y conquistas su corazón con el ardiente deseo de verle manifestarse una vez mas.

Medite por un momento amado lector, ¿Si Dios nunca está satisfecho de bendecirte, de restaurarte, de llenarte, de consolarte, de manifestarse a ti?, ¿Cómo nosotros podemos despreciar sus manos con nuestras experiencias del ayer? En este instante, te exhorto le digas al Señor; gracias por lo recibido, pero creo lo que promete tu Palabra, tu manifestación debe aumentar y no menguar en mi vida entre tanto pasa el tiempo.

La Palabra de Dios afirma este pensamiento:

> *«Porque he aquí que yo crearé nuevos cielos y nueva tierra; y de lo primero no habrá memoria, ni más vendrá al pensamiento»* (Isaías 65:17)
> *«No os acordéis de las cosas pasadas, ni traigáis a memoria las cosas antiguas. He aquí que yo hago cosa nueva; pronto saldrá a luz; ¿no la*

conoceréis? Otra vez abriré camino en el desierto, y ríos en la soledad»
(Isaías 43:18,19).

En cada uno de estos pasajes sin lugar a dudas, la intención divina es desplazar el apego al ayer con lo que Dios hará nuevo hoy.

Hay manantiales en Dios que solo pueden ser derramados sobre ti, si le preparas una emboscada de amor, si lo acorralas en las montañas de tu devoción y conquistas su corazón con el ardiente deseo de respirar su esencia.

VENCIENDO LA PROCRASTINACIÓN CON EL PODER DEL AHORA.

Un proverbio que Dios me inspiró a escribir dice: *«el que se alimenta del mañana, mañana morirá de hambre»*. Dicho proverbio en mi opinión personal es una puñalada a todo argumento de procrastinación. Ahora bien, para tener un buen entendimiento y dar a conocer a profundidad las artimañas de este enemigo, definamos que es procrastinación:

Procrastinar. (DRAE) Posponer o aplazar tareas, deberes y responsabilidades por otras actividades que nos resultan más gratificantes pero que son irrelevantes.

Según esta definición la procrastinación en términos prácticos es dejar para mañana lo que nos toca hacer hoy. Por tanto, ni mi pasado, ni mi futuro, pueden sustentar mi presente. Mi presente es sustentado por mi hoy. Sí, amado lector, ¡hoy!. En ocasiones hacemos planes en la presencia de Dios diciendo: —*Señor, mañana pondré mi despertador y madrugaré a orar porque necesito levantarme espiritualmente*— Posiblemente ante las lecturas de este libro, te dices: —*mañana me levanto y veré cambiada mi vida devocional*— Pero que tal, amado lector, si tomas por sorpresa a estos dos enemigos llamados, la añoranza y la procrastinación y lo haces «Al instante, en este momento! No planifiques levantarte temprano en la mañana, o no te conformes con los recuerdos de lo vivido. ¿Has notado amado lector, que en otras ocasiones lo has planificado, has puesto fecha para hacerlo, pero siempre algo aparece y estorba ese plan de levantarte, de separarte para ayunar y orar? ¿Qué te parece si cambiamos la estrategia y lo hacemos en este instante? Sí, ¡ahora!, esa es la herramienta devocional que hoy quiero compartirte *el poder del ahora*.

Cuando sientes urgencia de cambios, y necesitas levantarte, tenemos que accionar como el Rey David cuando tuvo conciencia de su problema frente al profeta Natán. David no adoptó por una actitud de procrastinación, no planificó el día de humillarse, el poder para levantarse de aquella condición fue «el ahora». Otra historia que nos arroja luz es la historia del pueblo de Nínive. Ellos entendieron, que para recibir misericordia, no podían esperar los cuarenta días señalados por el profeta Jonás, conocieron *el poder del ahora* y al instante se humillaron. El cielo llama a hombres y mujeres dispuestos a sacar sus zapatos viejos, en sentido figurado, para que Dios pueda traer algo nuevo.

Sólo Dios sabe, con cuántos hermanos me he encontrado en el camino que antes gozaban de una vida devocional sólida, pero ahora sólo quedan lágrimas y recuerdos de las experiencias que algún día vivieron. Si te identificas con estas expresiones, comprende esto mi querido, el Espíritu de Dios no espera que reacciones a este texto procrastinando, pues esto es propio de alguien cautivo por el espíritu de letargo. Por tal razón, con presteza, termine este escrito y sólo váyase de rodillas ante el Señor diciendo: ¡Aquí estoy! Sé que algo en este instante Dios quiere hablar contigo, quiere escucharte una vez más, porque no está satisfecho del ayer. El momento es ¡ahora, al instante! para votar los zapatos viejos y dejar que Dios con su amor, te regale una vida devocional nueva.

~

«Ora conmigo»

Espíritu Santo, quebranta toda añoranza que me limite. Rompe en mi vida con la procrastinación. Que pueda correr a tu presencia hoy. Llévate toda conformidad, que no retrase más el levantarme. Quita toda falta de compromiso. Cuando mi mañana trate de estancar en comodidad mi vida, de modo que me vuelva negligente, tú me interrumpas con la urgencia y necesidad de tu presencia. ¡Hoy! amado amigo EspírituSanto, en este momento despierta un ardiente deseo por tu ahora en mi corazón. En el nombre de Jesucristo.¡Amén!

---

1. **añoranza.** tr. Recordar con pena la ausencia, privación o pérdida de alguien o algo muy querido. Según el diccionario de la real academia de la lengua española, conocido por sus siglas [**DRAE**].
2. **procrastinar.** tr. Diferir, aplazar, retrasar el momento de realizar algo. Según el diccionario de la real academia de la lengua española, conocido por sus siglas [**DRAE**].

CRÓNICAS DE UN
Intimo

«EL ESPÍRITU SANTO SE SENTIRÁ
ATRAIDO A TODO CORAZÓN
QUE SE EJERCITE
CONTINUAMENTE EN PERDONAR.»

#CODIGOINTIMO
COMPARTE EN:

EL CÓDIGO DEL PERDÓN

CAPÍTULO VII

«y perdónanos nuestros pecados, así como hemos
perdonado a los que pecan contra nosotros».
(Mateo 6:12 NTV)

«(10) Después de haber orado Job por sus amigos, el
Señor lo hizo prosperar de nuevo y le dio dos veces más
de lo que antes tenía. (11) Todos sus hermanos y
hermanas, y todos los que antes lo habían conocido,
fueron a su casa y celebraron con él un banquete. Lo
animaron y lo consolaron por todas las calamidades que
el Señor le había enviado, y cada uno de ellos le dio una
moneda de plata y un anillo de oro. (12) El Señor bendijo
más los últimos años de Job que los primeros»
(Job 42: 10 - 12 NVI)

«Y quitó Jehová la aflicción de Job, cuando él hubo orado
por sus amigos»
(Job 42:10 RV60 – Énfasis Añadido)

Quisiera compartir con ustedes una de las experiencias que han marcado mi jornada en el evangelio. Sucedió hace unos años atrás. Una noche decidí intimar en oracion con Dios, y mi deseo era fortalecer mi relación con el Espíritu Santo; pues siendo predicador entendía lo vital que es tener una vida devocional estable; mas cuando traté de profundizar espiritualmente con Él, me sorprendió con una confrontación, algo inusual. Esperaba sentirle como en otras ocasiones, pero sin entender las razones el cielo parecía estar cerrado para mi; fue como si le hubiese colmado la paciencia a Dios. Aquella noche me confrontó muy fuerte el Señor. Despues de batallar por un rato con este horrible sentimiento, al fin un destello del sentimiento de Dios se escapó como un susurro desesperante , y una voz me pregunto:

—¿Vas a seguir predicando mi mensaje a medias?— Al momento no entendí por que mi Dios me confrontaba con semejante pregunta y luego me explicó diciendo:

–Predicas de Amor y perdón, pero todavía odias arrastrando raíces de amargura hacia el hombre que accidentalmente le quito la vida a tu hijo primogénito, ese hombre que te lo mató al atropellarlo hace unos años atrás–.

Lo menos que me iba a imaginar era que en mi momento de hablar con Dios, Él me confrontaría. ¡Increíble! imagine usted como me sentí en ese instante. Comencé a llorar y le conteste al Señor:

—¡Es duro!, creo que no lo lograré, mi Señor.—

Aun así reconocía que si a algo produce tener una vida devocional continua con Dios, es a amar las personas, como Èl las sabe amar.

Cinco días después de esa confrontación en la intimidad, me encuentro por primera vez, al hombre que le había quitado la vida a mi hijo; frente a frente, cara a cara.

Para ambos fue muy fuerte el encuentro, pero en medio de

lagrimas y con voz temblorosa, quien había quitado la vida a mi hijo, me pidió perdón. ¡Dios se estaba glorificando!, Pues por encima de mi dolor yo accedí a decir –te perdono–, les garantizo que en mi propia voluntad jamas lo hubiese hecho; pues mi amargura, aunque no la daba a notar, era muy grande. En ese momento sentí que algo se desprendía de mi, me sentía muy liviano. Fue impresionante sentir que al momento que comencé mi proceso de perdonar sentí que los cielos se re-abrían a mi favor. Recuerdo que aquel día, era tan fuerte la presencia de Dios entre nosotros, que pude orar por él, y practicarle el plan de salvación.

En la actualidad este hombre lleva unos años asistiendo a la misma iglesia donde yo me congrego, y hoy en día es Pastor de Evangelismo; hemos predicado y testificado juntos las grandezas que Dios ha hecho en nuestras vidas y no siento estorbos al orar. En un momento le pregunte a Dios, por que usaba mi vida aun cuando yo guardaba tanto rencor en mi corazón. Dios rápidamente respondió a mi ser –Cuando esto sucede estoy respaldando mi palabra, mas no el vaso–. Hoy día ese es uno de los problemas que estamos viviendo en las Iglesias del mundo entero. Somos testigos del resurgir de grandes ministerios que se vuelven muy famosos delante de los hombres, de hermanos y hermanas que participan y sirven dentro de una Iglesia; pero con rencores y resentimientos muy ocultos en sus corazones, viviendo enfermos, sin perdón. Si este es tu caso te hago una exhortación, permite que Dios te confronte en la intimidad de tu oración y te deje vivir esta experiencia de ser libre de todo rencor y odio. Permítele al Espíritu Santo que te muestre en que áreas necesitas cambios, para que todo el propósito que Dios tiene con tu vida, se cumpla al pie de la letra.

Declaro cielos abiertos sobre tu vida devocional con Dios y tengo la certeza que estas cortas letras de mi experiencia en la intimidad con Dios te transformarán y marcarán un nuevo tiempo en tu vida.

–Evangelista Bryan Caro[1]

~

DESCODIFICANDO EL PODER DEL PERDÓN

*E*n este capítulo, pretendo presentar una herramienta poderosa para remover estorbos espirituales en nuestro tiempo devocional, el arma más asombrosa conocida sobre el cosmos, tan poderosa que hizo a la esencia de Dios mismo cambiar sus vestimentas de luz inaccesible, por una vestimenta limitada de carne. Una expresión tan profunda, que hizo que el Omnipotente se mudara de residencia y a su vez tan sencilla que se puede declarar en una sola palabra *'el perdón'*.

En capítulos anteriores mencionamos, los diversos conflictos que se presentan en nuestro tiempo devocional y algunas herramientas, para prevalecer ante los mismos. Rompimos paradigmas y sanamos nuestros corazones, cancelando todas las culpas y recibiendo el tesoro de la Gracia de Dios *el perdón*. De seguro muchos de nosotros hemos tenido el deseo de que nuestras oraciones y vida devocional, no tengan estorbo, pero la oración es sólo un piso más de nuestro edificio devocional. Hemos probado que hay más auxiliares a parte de la oración, por tal razón observará que no haré referencia sólo a la oración, me usaré en este capítulo (y otros) de múltiples recursos.

En el deseo de ser perfume grato y no címbalo que retiñe a los oídos de Dios, habrás reflexionado alguna vez en las siguientes preguntas: ¿Realmente Dios escuchará todas las oraciones?, ¿Podrán mis oraciones tener tropiezo?, ¿Cómo me doy cuenta de que mi vida devocional está teniendo estorbo? ¿Cómo quito los estorbos de modo que las promesas de Dios me alcancen?

En el evangelio según Mateo su capítulo seis verso doce, Jesucristo presentó el perdón como elemento de gracia, el cual se puede considerar opera en dos plataformas; el que entrego y el que recibo *[perdonamos, a los que nos ofenden]* Jesús no presenta el perdón como algo por suceder (*según la interpretación de la nueva traducción viviente*), lo presenta como algo que ya sucedió, mientras se está en oración. Tampoco presenta el perdón como algo por realizarse; más bien como algo realizado. Es decir que Dios espera que si me acerco en oración, sea con un corazón que carga pureza y no rencores, un corazón que carga su voz y no falta de perdón, pues...

«¿Quién subirá al monte de Jehova?, ¿y quién estará en su lugar santo? El limpio de manos y puro de corazón. (Salmos 24:3-6)»

¿Con esto le estoy diciendo que si no ha perdonado deje de orar? ¡No! Para nada, lo que pretendo establecer, es que si va a orar; entre en la acción de perdonar primero, pues el perdón es una decisión .

El perdón mas que una emoción es una decisión previa a la oración, indicándole al Espíritu Santo que nuestro orgullo ha muerto.

En realidad me he cruzado con hermanos, con buenos sentimientos, que lamentablemente su vida espiritual no ha crecido a la magnitud que Dios diseñó para ellos, por que alguien les hirió y no saben como liberarse del sentimiento de ira y rencor con el perdón. Hace algunos dieciocho años atrás, cuando Dios recién levantaba el ministerio de este servidor, un hermano sin motivos, comenzó a buscar ocasión de caída contra mí. Cantábamos juntos en la Iglesia, inclusive compartíamos entre su familia y la mía, pero un día, permitió que el celo apresara su corazón, y cada vez que algún hermano hablaba algo positivo de mi persona, el decía: ¡Bah! ¡Ese pronto se cae, ya lo verán! a tal extremo Satán le había engañado que una noche después de este servidor predicar, me detuvo en la puerta de la iglesia y me dijo:

—¡Tu tienes cara para darte una buena cachetada—.

Me ofendí gravemente, mi hombría quería manifestarse y responder a aquel agravio, pero no le permití rienda suelta.

Durante dos noches oré, pidiendo a Dios justicia, exigiendo que me defendiera mostrando a todos, que yo era su ungido. Que hiciera algo de modo que los demás temiesen y jamás se atrevieran a actuar contra mí de la misma manera que este hermano. Días después en una madrugada la voz de Dios, como trueno, audible me levanta:

—¡Leuyin!—, Caigo de rodillas al pie de la cama y el Espíritu Santo me entrega una directriz que jamas la hubiese esperado diciéndome: —Comienzas campaña de oración y ayuno de veintiún días por el hermano que te ofendió—.

En obediencia comencé a orar y debo confesarles que nada mejoró, día a día se acrecentaban más los encontronazos con este hermano. Sé que usted espera le relate algo sobrenatural, producto de mis veintiún días de campaña de oración y ayuno, pero ¡No!, tristemente este hermano se apartó de la congregación y dejo su servicio a Dios. Entonces, ¿Para que Dios, te ordenó que oraras por él? Al cabo del tiempo comprendí, que Dios quería tratar conmigo, no con él. Cada madrugada me levantaba a Orar por él, lo hacía en lágrimas y gemidos, mi espíritu oraba y mientras lo hacía, se disipó de mi corazón, la molestia que sentía con él. El Espíritu Santo, me dejó tener el sentir que hubo en Cristo como ordena el Apóstol Pablo; Haya, pues, en vosotros este sentir que hubo también en Cristo Jesús, el cual, siendo en forma de Dios, no estimó el ser igual a Dios como cosa a que aferrarse, (Filipenses 2:5).

Los hombres nos han herido, pero no tanto como nosotros a Dios, y aún así, nos perdonó.

La realidad es que el perdón en oración, me permitió compartir con Cristo su sentir, que aunque toda la humanidad ofendió a Dios, él se sacrificó por nosotros. Esa temporada Dios me permitió, que mi nivel de intersección y oración creciera a orar habiendo el mismo sentir que hubo en Cristo, si no lo has experimentado permítame decirle que Dios no lo desarrolla de manera teórica, lo hace de manera práctica, permite la ofensa de otros hacia a ti, y el nivel de intercesión crece a interceder con el mismo sentir que hubo en Cristo. Por tanto si a alguien necesitas liberar con el perdón libéralo, si hay alguna piedra que estorbe que tu vida devocional sea construida, remuévela en el nombre de Jesús, tal vez dirás: ¡es que fue muy fuerte!. Hoy te recuerdo que tal vez los hombres nos han ofendido, pero no tanto como nosotros a Dios y aún así, nos perdonó.

El estorbo en nuestra oración ante la falta de perdón no es puesto por Dios; mas bien es puesto por nosotros mismos, pues la falta de perdón nos insensibiliza, endurece nuestros corazones y marchita nuestra Fe (Por eso Jesús enseño, que no podrás amar a Dios que no lo ves, si no amas a tu prójimo que si lo ves), cierra puertas de revelación (Iluminación) bíblica, pues su palabra sale de su boca hecha rehma y no puede hallar cabida en nuestro corazón, pues él mismo, esta ocupado de rencores y amarguras. Jesús levantó sus manos y Bendijo a Dios Padre diciendo: —Gracias Padre por que los misterios del reino, no se los revelaste a los sabios y entendidos de este tiempo, se los revelaste a los niños—. Un pequeño ser que no tiene las fuerzas de un hombre, pues su edad determina su fortaleza, solo ser como niños, débiles y necesitados de cuidado pero con un corazón sano para cargar las llaves del reino, pues de los tales es el reino de los Cielos.

Hay estorbos en nuestra oración que no son puestos por Dios; mas bien, son puestos por nosotros mismos, ante la falta de perdón.

En 1 Pedro 3:7; el apóstol instruye a los maridos a que sean comprensivos con sus esposas:

«…, maridos…, vivid con ellas sabiamente, dando honor a la mujer como a vaso más frágil y como a coherederas de la gracia de la vida, para que vuestras oraciones no tengan estorbo».

Es claro que el no tener una buena relación con tu pareja puede traer estorbo a tu oración y por ende a tu vida devocional. ¿Querrá decir esto, que si tienes problemas maritales dejes de orar? ¡No! La intención de Dios en el texto es que los resuelvas, pues la falta de perdón se define literalmente como arrogancia o rechazo directo a la naturaleza de Dios, **ese es el estorbo**, pues siempre que nos acercamos a Dios nos acercamos esperando el 50 x 50, yo me acerco y Él (Dios) se acerca, pues esta escrito: «acercaos a mí dice el Señor y yo me acercaré a vosotros». Pero para que Dios se acerque debe hallar gracia y el mapa de la gracia, según explica Exodo 33; es la humildad (ausencia de soberbia en el corazón). Por tanto no dejes de orar, sólo reconcíliate, pide perdón a quien debas pedir perdón, sea tu pareja, un familiar, un vecino, tu pastor, una oveja, un compañero de trabajo, un enemigo, alguien que te difamó, un compañero ministro, tus padres o aún a tus hijos. A veces entramos en abnegación diciendo: (Pero yo no tengo nada contra esa persona yo la veo y la saludo) (si me tengo que sentar me siento con esa persona) pero establezco ante ustedes; un buen medidor de lo que hay en tu corazón, es lo que habla tu boca; Pues de la abundancia del corazón habla la boca. Si cada vez que hablas de la persona te vez obligado a usar expresiones peyorativas u ofensivas, ahí hay una señal.

EL PERDÓN, LLAVE DE RESTITUCIÓN.

En ocasiones, el perdón no lo necesitan los demás, lo necesitamos nosotros mismos, con el fin, de hacer las pases con nuestro pasado y poder perdonarnos a nosotros mismos. Por tanto, el poder del perdón no libera sólo a otros, también me libera a mí, pero ¿Cómo comienzo?. Este fue el secreto de Job, mi amado lector, orar por aquellos que le habían herido. Ellos no se consideraban enemigos de Job, pues aunque de manera incorrecta su intención era darle apoyo, pero Job se sentía ofendido y en vez de sentirlos como soporte, los sentía como detractores. Por eso nos señala lo escritura, una llave para puertas devocionales diciendo:

> «Y quitó Jehová la aflicción de Job, cuando él hubo orado por sus amigos».

Puede ser que te preguntes: ¿Cómo Job quitó el estorbo? Él solo se encargó de perdonarlos, de esta manera pudo orar por ellos, y Jehová se encargó de quitar el estorbo, [La aflicción] y fue retribuido y prosperado.

Es mi deseo declararte unas palabras, que quizás te ayuden en tu proceso para ser libertado de todo aquello que apresa tu corazón, hoy te digo:

- Puede ser amado lector que tu prosperidad, esté tan lejos como un perdón.
- Puede ser que la contestación a tu oración de años, este tan lejos como un perdón.
- Que tu sanidad, esté tan lejos como un perdón.
- Que grandes experiencias con el Espíritu Santo, estén tan lejos como un perdón.
- Que el crecimiento espiritual tan esperado, esté tan lejos como un perdón.
- Que la salvación de tu familia, esté tan lejos como un perdón.
- Que un nuevo nivel en la construcción de tu vida devocional, esté tan cerca como una de las expresiones más poderosa del universo, *el perdón.*

Te ruego compartas este escrito con otros, sé que el corazón de alguien, arderá listo para perdonar.

~

«Ora conmigo»

Padre en el nombre de tu hijo amado, enséñanos a amar como tú, a perdonar como tú, y así remueve toda obstrucción, todo estorbo en nuestra vida devocional, Espíritu Santo, permite que el poder del perdón, que mudó a Dios de los cielos, nos mude a nosotros. Hoy perdonamos a los que nos han ofendido, derrama tu favor y misericordia sobre ellos, y te pedimos nos eleves a alturas contigo, que nada obstruya entre tu rostro y el nuestro, en el nombre de Jesucristo, ¡Amen!

---

1. El testimonio usado como historia reflexiva al pie de este capítulo, fue suministrado por el Evangelista Bryan Caro, director del Ministerio 'La Iglesia en la calle', radicado en Aguadilla, PR.

Crónicas de un
Íntimo

«EN LOS DESIERTOS MUCHOS
DESFALLECEN; MÁS TÚ IMITA A
JESUCRISTO, APRENDIENDO A
ORAR EN TUS DESIERTOS.
(S.MARCOS 1:35 RV60)»

#CODIGOINTIMO

COMPARTE EN:

LA HORA NOVENA

CAPÍTULO VIII

"Pedro y Juan subían juntos al templo
a la hora novena, la de la oración"
(Hechos 3:1).

Era una mañana en el pueblo de Michoacán, México. Un hombre hacendado necesitaba de emergencia construir un desagüe, pues a causa de unas lluvias torrenciales, que azotaron de improvisto su hacienda a media noche, estaba inundada y esto amenazaba con echar a perder la cosecha de esta. Al despuntar el alba, el hombre salió junto a su hijo a contratar albañiles y carpinteros a una parte de la provincia, donde maestros de obra desempleados, se sentaban con carteles esperando ser contratados por alguien. Al encontrarlos, les propuso pagarles quinientos pesos por su día de trabajo y ellos estuvieron de acuerdo. Entre todos sumaban diez maestros de obra, pero consultando con su hijo, decide contratar sólo ocho de los diez. Comenzó rápidamente las labores de dragado y construcción en su hacienda, pero como a la hora novena, [las

tres de la tarde], tuvieron problemas con el muro de contención que edificaban y se vieron necesitados de contratar a dos hombres más, que pudiesen mantenerse cavando mientras ellos afirmaban el muro. El jefe de la hacienda, le ordena a su hijo que vea si donde encontró a los trabajadores, podía encontrar dos más. Hijo avanzó al lugar donde encontró a los primeros ocho, observó que dos de aquellos diez, no habían logrado conseguir trabajo y todavía a esa hora estaban allí esperanzados de conseguir algo. Sin perder tiempo les dijo: –súbanse al camión–. Mientras agitaba su mano indicándoles prisa. Al llegar a la hacienda aquellos dos, colaboraron con todo lo solicitado hasta la puesta del sol.

Al anochecer, el jefe le entrega diez sobres a su hijo, cada uno con quinientos pesos adentro. El hijo desconcertado al ver que los diez tenían la misma cantidad, le solicita a su padre coteje los sobres diciéndole: — ¿Acaso te olvidaste de la hora en la que contrataste a cada uno de los trabajadores?, ¿Olvidaste lo que sucedió a las tres de la tarde?, ¿Te olvidaste de las tres de la tarde? Recuerda que a dos de ellos, los contratamos a esta hora ¿Por qué le estas pagando lo mismo que a los demás?—.

Su padre y jefe de la hacienda le contestó: —¡tranquilo!, ¿No te percataste que sin los de las tres de la tarde, no hubiéramos podido terminar lo que comenzamos en la mañana? Considera que le pagamos el tiempo que esperaron para ser contratados. Recordaremos siempre, que a las tres de la tarde, dos salvaron el trabajo de muchos y el sustento de una familia entera—.

DESCODIFICANDO LA HORA NOVENA

*P*or años en América, se ha suscitado entre ministros la discusión de ha qué hora Dios escucha más la oración o a qué hora debes orar para recibir más poder de lo alto. Algunos enseñan que debemos vigilar, pues es a la hora que las tinieblas operan y la iglesia debe estar a esas horas rompiendo cadenas y guerreando contra las tinieblas. Si no haces así, no eres un buen soldado. Otros, presentan horas específicas como de tres a seis de la madrugada para orar; tomando como base que a la cuarta vigilia de la noche, Jesús junto a los discípulos tuvieron experiencias extraordinarias. Hay quienes enseñan que la manera más poderosa de orar es cuando haces una vigilia completa. Todo esto no está mal, pero por años se ha tergiversado el propósito, y el multiforme poder de la oración. Se han usado estas herramientas devocionales, para demarcar o señalar quién es espiritual y quién no. Escuché muchas veces, hermanos juzgar a otros diciendo: *fulano está en la carne porque no ora de madrugada, no vigila, ni ayuna.* Esto ha drenado la vida devocional de muchos hermanos, sintiéndose menos, por no practicar estas disciplinas espirituales. Es posible que usted mismo, mi amado lector, haya sido víctima de lo que llamo [*bullying* religioso] y al escucharlo repetidas veces, pensó que era una verdad escritural. Aunque es cierto que estas herramientas conocidas como la oración de madrugada, las vigilias y los ayunos, son parte de nuestra vida devocional, no son el todo. Lo cierto es, que hay unas horas perfectas para ejercitar nuestra devoción que han sido olvidadas. La iglesia creó una teología de la oración, dejando atrás, unas bases importantes que están dentro de la cultura hebrea.

Los hijos de Israel hasta el día de hoy, tienen por costumbre orar tres veces al día; a la tercera, a la sexta y a la novena hora del día, (9:00 am, 12:00 md y 3:00 pm), pues a esta hora, se sacrificaba en el templo y siempre se ora mirando a la santa Zion,

Jerusalén. El problema reside, que en la teología de oración que hemos formado en muchas de nuestras congregaciones latinoamericanas, le hemos dado más valor a orar y ayunar de madrugada, restando así, el valor de orar a las demás horas del día. Esto, como efecto dominó, ha cauterizado la vida devocional de muchos de nuestros hermanos en la fe, a tales extremos, que he escuchado a algunos decir: —*es que siento que si no oro de madrugada no es lo mismo*—. Pero, mi pregunta es, ¿Cuándo el privilegio de hablar con Dios, deja de ser maravilloso?, ¿En qué momento una hora en específico determinó la calidad y la presteza en la que Dios contestaría? De ninguna manera, mis amados lectores, jamás una oración sincera perderá poder, por la hora en que la hagas. Por esto, presento una hora olvidada dentro de la construcción de la vida devocional, *la hora novena*.

La palabra de Dios registra grandes experiencias y momentos sublimes al acercarse en oración a la hora novena. En el libro de los Hechos (Hechos 10:3), Pedro vió claramente en una visión, como a la hora novena del día, un ángel de Dios entraba donde él estaba acusa de que Cornelio experimentó una visitación celeste a esta hora de la tarde, el cielo se abrió para él a la hora novena. Veamos otro caso:

> «Y desde la hora sexta hubo tinieblas sobre toda la tierra hasta la hora novena. Cerca de la hora novena, Jesús clamó a gran voz, diciendo: Elí, Elí, ¿lama sabactani? esto es: Dios mío, Dios mío, ¿por qué me has desamparado?» (Mateo 27:45,46). «Y he aquí, el velo del templo se rasgó en dos, de arriba abajo; y la tierra tembló, y las rocas se partieron; y se abrieron los sepulcros, y muchos cuerpos de santos que habían dormido, se levantaron; y saliendo de los sepulcros, después de la resurrección de él, vinieron a la santa ciudad, y aparecieron a muchos» (Mateo 27:51-53).

Este verso resalta el momento más intenso de Jesús, un momento donde no se usó una oración pasiva, clamó. Vemos un clamor producido a las tres de la tarde, con unos efectos sobrenaturales, por consiguiente. Haciendo un análisis profundo del verso, dice que hubo tinieblas «...*hasta la hora novena*», o sea, que se le dio un plazo de tiempo a las tinieblas para operar. Se les dio un límite. Las tinieblas han estado sobre la tierra desde la hora sexta, séptima y octava, pero ya a la hora novena, tenían que disiparse. Si notan, su clamor no fue en la madrugada, fue un clamor a las tres de la tarde, que produjo que las tinieblas que estaban fuera de tiempo se disiparan por la luz del sol de justicia, Jesucristo.

Un estado de gestación habitual de una mujer dura nueve meses. Para la criatura dentro de este vientre, está todo oscuro por ocho meses, pero cuando llega el momento del alumbramiento, el noveno mes, la criatura nace y se disipan las tinieblas de sus ojos dando paso a una nueva vida.

Se produjeron también varias manifestaciones de gracia a la hora olvidada, la hora novena. Veamos:

- En primer lugar, *el velo que separaba al hombre de Dios, fue roto*. Esto indica que se dio paso a restaurar la comunión directa con Dios y el hombre a través de la figura de Jesucristo. También indica que el hombre tendrá mayor revelación de quién es Dios, es decir un acercamiento personal del hombre a su Creador.
- En segundo lugar, *la tierra tembló*. Al temblar la tierra fueron sacudidos los cimientos. Cuando nuestra oración es multiforme y abrimos paso a otros períodos devocionales, dejaremos de vivir en el micro, para tener la óptica de Dios desde el macro. El sacrificio de Jesús se contemplará perfecto y entenderemos que el mismo que descendió, también ascendió para llenarlo todo. Son los

momentos donde todo lo que no tiene fundamento en Dios, se irá al piso.

- En tercer lugar, *las rocas se partieron.* Todo lo que obstruía e impedía el paso fue roto.
- En cuarto lugar, *se abrieron los sepulcros.* Los que estaban muertos, resucitaron. Lo que estaba muerto volvió a la vida después de un clamor desde la cruz a la hora novena.

¡El que tenga oídos para oír, oiga lo que el Espíritu dice a la iglesia!. Increíble todo lo que sucedió a una hora que ha sido olvidada por muchos espiritualmente hablando, la hora novena. Establezco ante ti, amado lector, si no puedes orar de madrugada por tu empleo, familia, o cualquier otra razón, toma en consideración la hora novena. No dejes que ningún pensamiento te abrume, con amor y reverencia acércate confiadamente. Se cree que Jesús enseñó cómo orar, cerca de la hora olvidada. En el capítulo seis verso seis del evangelio de Mateo (Mateo 6:6), se desata para nosotros una gran esperanza, *el que ora en lo secreto, Dios le recompensa en lo público.*

Jesucristo se ocupó de arrojarnos luz acerca de este tema en la parábola de los jornaleros presentada en los evangelios. *A los que comenzaron a trabajar en la mañana, les dio la misma paga que a los que comenzaron a trabajar en la tarde* (Mateo 20:1-16). Estoy seguro de que si pones en practica los principios descodificados en este capítulo la Gloria de Dios se estacionará en tu casa.

Permítame afirmar que mi intención en esta lectura no es, por ninguna razón enseñarle que desprecie o que no se esfuerce por orar de madrugada; si bien es cierto que hay algo muy hermoso reservado por Dios para los que oran de madrugada. Lo que en realidad busco alcanzar es una apertura en tu corazón a otras horas descodificadas por el Espíritu, que hoy día se hace mención de ellas muy poco.

Amado lector, no permitas que el tener experiencias o una espiritualidad saludable, sean contenidas por críticas o culturas de hombre. No te permitas ser estancado por tus debilidades o por tus limitaciones. Si no has podido orar de madrugada o vigilar, te invito ha que en el Espíritu, ores a la hora olvidada [la hora novena]. Haciendo esto crecerá tu devoción y tendrás las fuerzas para acercarte a Él en oración en otros periodos. Sé que tu recompensa en Dios, como los trabajadores, será la misma de los que lo hacen de madrugada, porque se trata de la voluntad del jefe de la obra y no de la costumbre de los empleados.

«Ora conmigo»

Espíritu Santo, en el nombre de Jesús, ayúdanos a redescubrir el poder de orar a la hora novena. Derriba todo fundamento escaso y erróneo, que limite a ciertas horas el acceso a tu presencia en oración. Abre un manantial de experiencias contigo en nuestro ser. Espíritu Santo, anhelamos experiencias nuevas contigo. Ayúdanos a orar como Jesús en esta tierra oró, a clamar de modo que se rasguen velos y lo muerto en nuestra vida resucite. En el nombre de Jesús. ¡Amén!

CRÓNICAS DE UN
Intimo

«CUANDO ESCUCHAMOS MÁS DE LO QUE HABLAMOS, LA PRUDENCIA REGIRÁ NUESTRO INTELECTO Y NUESTRO CORAZÓN PERMANECERÁ DÓCIL A LAS ÓRDENES Y DESEOS DE DIOS. EL ESCUCHAR ES UNA SEÑAL DE SUJECIÓN Y DEPENDENCIA AL ESPÍRITU SANTO.»

"AL QUE RESPONDE PALABRA ANTES DE OÍR, LE ES FATUIDAD Y OPROBIO"

(PROVERBIO 18:13 RV60)

#CODIGOINTIMO

COMPARTE EN:

EL CÓDIGO SILENCIO Y PACIENCIA

CAPÍTULO IX

"Yo te aviso que guardes el mandamiento del rey y la palabra del juramento de Dios. No te apresures a irte de su presencia, ni en cosa mala persistas; porque él hará todo lo que quiere. Pues la palabra del rey es con potestad, ¿y quién le dirá: Qué haces?" (Eclesiastés 8:2-3 Rv60).

Cuando abrió el séptimo sello, se hizo silencio en el cielo como por media hora. Y vi a los siete ángeles que estaban en pie ante Dios; y se les dieron siete trompetas. Otro ángel vino entonces y se paró ante el altar, con un incensario de oro; y se le dio mucho incienso para añadirlo a ls oraciones de todos los santos, sobre el altar de oro que estaba delante del trono. Y de la mano del ángel subió a la presencia de Dios el humo del incienso con las oraciones de los santos. Y el ángel tomó el incensario, y lo llenó del fuego del altar, y lo arrojó a la tierra; y hubo truenos, y voces y relámpagos, y un terremoto.
(Apocalipsis 8:1-4 Rv60).

Después del terremoto hubo un fuego. Pero Dios
tampoco estaba en el fuego. Después del fuego se oyó el
ruido delicado del silencio.
(1Reyes 19.12 Rv60).

*Una pareja recibe la triste noticia de que no podían tener hijos,
por causa de ser estériles. El varón de esta pareja, tratando de
silenciar la ansiedad de no ser padres, compró una mascota
para el hogar, un pequeño conejo. Parecía haber funcionado, su
amor desbordaba con múltiples muestras de cariño hacia el
conejo y poco a poco la presencia del conejo apaciguó la
ansiedad de no ser padres. Una mañana, mientras su esposa
lavaba sus ropas en el sótano de la casa, el conejo entro en un
desagüe ubicado entre el suelo y una de las paredes, donde
quedó atascado. Cuando ella percibe la ausencia del conejo,
desesperada comenzó a buscarlo, como una madre que ha
perdido sus niños dentro de un centro comercial. Cuando final-
mente lo localizó, se aterro al notarlo dentro de la tubería de
aquel sótano. Ella no había notado que el conejo estaba atascado y pensó que el conejo quería escapar de sus mimos. Desesperada comenzó a dar gritos al interior de aquel tubo,
suplicando al conejo que saliese de allí sin saber que esto alte-
raba al conejo y provocaba que se atascara más. En horas de la
tarde su esposo llegó al hogar de laborar y al darse por enterado
de lo acontecido, bajo al sótano para intentar hacer salir al
conejo. Golpeó la pared, hizo ruidos y hasta le puso comida
frente a aquel tubo, para provocar que saliese de allí, pero todos
sus intentos fueron fallidos, poniendo más nervioso al conejo el
cual se atascó más.
La pareja cansada de tantos intentos, se sentaron frente a
aquella tubería y guardaron silencio conmocionados por la
desdicha que le había tocado vivir. Lo único que les consolaba,*

su mascota, no quería salir de aquel lugar [a su entender]. Al rato, el silencio y la paciencia, milagrosamente produjeron resultados. La quietud ayudo a que el conejo se relajara y poco a poco se fue deslizando hasta que logró salir. La pareja comenzó a dar gritos de alegría y al abrazar al conejo, notaron unas marcas inusuales, heridas en su cuerpo, esto les ayudo a entender; que no era que su mascota no quería salir de aquel tubo, era que estaba atascado. Y se dijeron a una misma voz el uno al otro: —No fue hasta que guardamos silencio y tuvimos paciencia, que el conejo regresó a nosotros, ¡Eso era todo lo necesario!, el silencio y la paciencia–.

⌖

LA HERRAMIENTA DEL SILENCIO

*E*l silencio como herramienta, es un aspecto del código íntimo del Espíritu develado a nuestras vidas. Una expresión que a todo creyente atemoriza, una temporada que ninguno queremos atravesar, un lapso de tiempo, que hace convulsar la fe de cualquier gran hombre de Dios, la expresión conocida como *el silencio*. Esto tiene una razón, es que hemos aprendido a mal interpretar el mismo. Hemos interpretado el silencio como señal de abandono, como ausencia de atención o soledad existencial, pero resulta ser que no es así. Nuestra naturaleza ante una pregunta exige una respuesta, ante una expresión de tristeza una expresión de afecto. Esperamos siempre reacciones ante nuestros reclamos, sonidos que llenen los espacios vacíos de nuestra existencia. ¿Ha notado usted, cómo se comportan dos personas dentro de un vehículo cuando hay silencio? Debió percibir que alguno de los dos, trato de esquivar el silencio con una frase, abriendo así paso a una conversación. Aunque la conversación fuese aburrida y monótona, uno de los dos, abruptamente interrumpe el silencio para dar inicio a una conversación. Analice con sobriedad los momentos que ha estado a solas en silencio. En la gran mayoría de los casos buscamos algo para llenar esos espacios silenciosos, cosas como: la radio, la televisión y el internet, por mencionar algunos. Ignoramos que el silencio, es una herramienta para nutrir tu devoción poderosa.

Antes de entrar de lleno al principal concepto que quiero enseñar en este capítulo, quiero hacer una salvedad. No busco abundar en lo que por tiempo se ha señalado de la oración; esa retórica, de que tienes que callar para poder escuchar la voz de Dios. Respeto la experiencia de todo aquel que ha callado y la ha escuchado, pero me dirijo a un camino más excelente.

Recuerdo un pequeño libro devocional que me obsequiaron titulado: ¿Cómo escuchar la voz de Dios?. El autor de dicho libro, aconsejaba que cuando oraras guardaras periodos de silencio, porque si seguías hablando y hablando, Dios no podría hablarte; pues para poder escuchar a Dios debías guardar silencio. Recuerdo haber pasado horas haciendo silencio para que Dios me hablara y nada sucedía. Al no escuchar a Dios, interpreté incorrectamente su silencio, despertando en mi ser un sentimiento de abandono. Seamos objetivos amado lector, ¿Cuántas veces has hecho silencio y Dios te ha hablado?, ¿Cuántas veces Dios ha interrumpido tu silencio con su voz? Es posible que tu respuesta puede ser: –¡Nunca!, o tal vez una o dos veces de las tantas veces que lo he practicado–. Sucede que lo que nos parece curioso y lo hemos escuchado de otros o leído, lo practicamos sin hacernos una pregunta importante: ¿Cuál es su propósito? ¿Cómo puede ayudar esto mi vida devocional?

El silencio Dios lo presenta en las Sagradas Escrituras, como una herramienta poderosa, si se conoce el verdadero propósito del mismo. Cabe señalar, que el silencio de Dios siempre emite sonido, el problema es que en ocasiones nos encontramos en la frecuencia incorrecta.

Es vital que aprendamos que el silencio en Dios, tiene dos vías:

- Cuando la tierra hace silencio.
- Cuando el cielo hace silencio.

El silencio de Dios, es un sonda que emite sonido, en ocasiones no le podemos escuchar porque estamos en una frecuencia incorrecta.

El silencio, es la antesala de sorpresas muchas sorpresas en Dios inimaginables. Cuando lo ejercitamos de la mano de la paciencia, nos ayudará a interpretar correctamente la presencia silente de Dios en nuestra vida devocional. Hablo de momentos devocionales en la mañana, tarde, noche o madrugada, donde apagas la música, cierras tus labios, enmudeces las voces alteradas de tu alma y sólo guardas silencio mientras meditas en sus obras. Es necesario conozcas que tendrás momentos devocionales, donde con desespero te acercarás a Dios en demanda de respuesta, pero el cielo enmudecerá delante de ti. Dichos momentos tienen varios propósitos:

1. Desconectarte de lo que te rodea y re enfocarte.
2. Ejercitar la práctica de una introspección.
3. Callar las voces de tu humanidad, cercando tu razonamiento.
4. Abrir espacio a una iluminación fresca de las escrituras.
5. Desatar un incremento de fe.
6. Posicionarnos a una temporada de sorpresas en Dios.

Le ruego amado lector, no saque de perspectiva los dos tipos de silencio, el de la tierra y el del cielo. Para ayudarle a comprender este principio analicemos el pasaje de el libro de revelaciones (Apocalipsis 8:1) que abunda en este particular diciendo:

«Cuando se abrió el séptimo sello...»

Abrirse el séptimo sello indica el comienzo de un tiempo perfecto para esto. El siete es un número que simboliza en la cultura bíblica perfección y plenitud. En el texto parece presentarse el silencio en el cielo, como un momento de olvido o descuido divino, pero ¡No!; más bien, la intención divina era presentarlo como una antesala a un acto extraordinario de Dios.

El verso continua explicando: *«Hubo un silencio como de media hora»*, El ser detallista con el tiempo señala un lapso determinado por el cual estaría regulado el silencio durante su manifestación (*Ya que es el primer relato bíblico que nos da a conocer su existencia en el cielo*), dándonos a entender que Dios no guarda silencio para siempre. Te repito amado lector, Dios no guardará silencio para siempre.

> «Otro ángel vino entonces y se paró ante el altar, con un incensario de oro; y se le dio mucho incienso para añadirlo a las oraciones de todos los santos...» (Apocalipsis 8:3 RVR1960).

Aquí muy claramente el texto nos devela el propósito, en esta ocasión del silencio de media hora del cielo tubo un propósito, añadir incienso a las oraciones de los santos. En dicho caso pareciese que las oraciones realizadas carecían de suficiente fragancia para perfumar el altar de Dios y producirle en efecto, placer. Podían haber sido oraciones que perdieron su aroma, dado que Apocalipsis capítulo cinco verso ocho (Apoc. 5:8 RV60), presenta las oraciones de los santos, como copas de oro llenas de incienso. Es decir; las oraciones de los santos, como aromatizantes y ambientadores del trono de Dios. Mas a la altura del octavo capítulo; en un acto de causa y efecto, tiene que aparecer el silencio, para que luego se añada aromatizante *«y se le dio mucho incienso para añadirlo a las oraciones de todos los santos»* a las oraciones de los santos.

Analice, si usted tiene que añadir más aromatizante a algún producto de su hogar es por una razón, se ha perdido la fragancia. Si atrapas lo que Espíritu Santo, está desatando para ti en esta declaración, entenderás que cuando las oraciones pierden fragancia, Dios guarda silencio por un lapso de tiempo para que se añada incienso a la misma.

Hoy amado lector, te invito a no desesperarte ante el silencio del cielo, ejercita tu paciencia y afirma tu corazón en Cristo; porque si hay silencio, es porque Dios añade algo, un incremento de fe, o una oportunidad para estar a solas con Él. Son los momentos donde entra a nuestras vidas ruidosas una presencia silente.

Cuando las oraciones pierden fragancia, Dios guarda silencio por un lapso de tiempo para que se añada fragancia a la misma.

Fue el caso de Elías, donde la receta de Dios ante la depresión que lo llevó a la cueva, fue develar una presencia silente. Elías, estaba acostumbrado a diversas manifestaciones de Jehová Dios, operando con estruendo, donde fuego descendió consumiendo el holocausto ante el clamor de su profeta, pero en la cueva, la presencia silente no viene en respuesta a un clamor sino; mas bien, como un antídoto al sentimiento de soledad que le sumía en depresión. ¡Qué paradójico!, la ciencia establece que alguien depresivo no debe estar en silencio, pero para el profeta que experimentaba un momento de depresión, el antídoto de Dios fue manifestarse en un silbo apacible [silencio sublime o ruido delicado del silencio, según otras versiones], es decir, que cuando Dios, hace silencio en tu vida no es porque se olvidó de tu petición, es una oportunidad en la que Él quiere sorprenderte. ¡Bendita presencia silente, que nos sorprendes cuando menos esperamos!.

En el libro 'Se descifra el código Judío', Perry Stone explica que los judíos oran en horas de la madrugada hasta hoy, por la creencia de que en la madrugada, la tierra está en silencio y es más fácil escuchar la voz de Dios. Cabe señalar que en tu tiempo devocional, es necesaria la quietud y el silencio, a eso se le llama: «el silencio de la tierra». Pero quiero presentar, para ir dando mis últimas pinceladas a este pensamiento, que el silencio de la tierra, no debe ser usado únicamente con la expectativa de que Dios te hable, porque si no te quiere hablar en su soberanía, te vas a frustrar y esto te empujará a una fatiga devocional. Toma los momentos de quietud y silencio para meditar en su Palabra, Él mismo es muy oportuno para hacer espacio en tu corazón a un caudal de iluminación escritural. Los tesoros del reino serán depositados en corazones donde haya cabida para ellos. Por eso el salmista declara,

> «...sino que en la ley de Jehová está su delicia y en su ley medita de día y de noche. Será como árbol plantado junto a corrientes de aguas, que da su fruto en su tiempo y su hoja no cae, y todo lo que hace prosperará» (Salmos 1:2,3).

El meditar, es un acto silente en las Escrituras, algo que debe hacerse desde el marco del silencio.

LA PACIENCIA COMO PILAR DEVOCIONAL

Una llave en el reino de Dios, para vivir grandes experiencias devocionales con el Espíritu Santo, se llama: la paciencia devocional, considero que está altamente relacionada a la presencia silente de Dios, pero no desde la perspectiva bíblica del fruto; como señala la carta a los Gálatas en su capítulo cinco; más bien, como vivencia que se debe aprender a luchar por ella.

Con el propósito de darme a entender con propiedad, definamos lo que es paciencia. El diccionario [DRAE] le define de tres maneras:

Paciencia *(del lat. patientia).*

1. *Capacidad de padecer o soportar algo sin alterarse.*
2. *Capacidad para hacer cosas pesadas o minuciosas.*
3. *Facultad de saber esperar cuando algo se desea mucho.*

Debo confesarles, que la tercera definición, es la más acertada, a mi consideración. *La facultad de saber esperar cuando algo se desea mucho.* En el griego transliterado se dice, *[jupomoné[1]]* que quiere decir resistencia o constancia. Cabe resaltar eso para lo que pretendo establecer en esta lectura. La paciencia es virtud muy importante a desarrollar cuando se construye una vida devocional. Note bien, que mi expresión no fue que Dios te entregaría paciencia; mas bien, que había que aprender a desarrollar dicha paciencia. Ahora bien, la pregunta es: ¿Cómo podemos desarrollarla?

La paciencia devocional no tiende a ser algo místico o teórico, se desarrolla frente a un acto de resistencia o de cara a un conflicto. Muchos de nosotros crecimos en el Señor leyendo libros como: *Bienvenido Espíritu Santo, Buenos días Espíritu Santo, La ciencia de la oración, El ayuno del Señor o Mis experiencias con*

Jesús, El poder de atar y desatar, Oraciones de poder, entre otros. Libros devocionales con buen contenido, de autores muy reconocidos. Libros que colaboraron en generar en nosotros una expectativa cuando oremos y el anhelo de tener experiencias con Dios en oración.

La paciencia es virtud muy importante a desarrollar cuando se construye una vida de devoción.

Quiero resaltar, que creo firmemente que en tu tiempo devocional puedes tener experiencias sobrenaturales con la persona del Espíritu Santo, pero, aunque es posible, no todo el tiempo Dios en su soberanía lo hace así. Recuerde que muchos de estos amados autores, en muchos casos, relatan sus experiencias, pero no detallan el tiempo que les tocó esperar para vivir la misma. Quién sabe si entre una experiencia y otra pasaron diez años y ese detalle no está plasmado en sus libros. Ésta es una de las razones de este capítulo, paciencia devocional. Primero debemos re-enfocar nuestra expectativa cuando hablamos con Dios. La misma deber ser en primer lugar; alimentar mi paz interior y por consiguiente, disfrutar de platicar con Él.

Lo maravilloso de orar no es lo que pueda sentir, es la oportunidad de tener contacto con el ser más maravilloso del universo.

No es malo tener como expectativa, que después de orar, Dios se manifieste brindándote una nueva experiencia como resultado de haber estado a solas con Él, pero siempre debemos tener cuidado que nuestro corazón no se obsesione con esto y se frustre si Dios no te permite esa nueva experiencia. Debemos estar claros que lo grandioso de tener intimidad con el Espíritu Santo, no es lo que yo pueda ver o sentir, es la oportunidad de tener contacto con el ser más maravilloso del universo. Haciendo así, no darás lugar a la frustración o la duda, que se encargan de drenar tu devoción. Hay momentos en la vida de todo aquel que le apasiona la oración, donde discierne que está a punto de tener una experiencia con Dios, y pasa un tiempo de oración intensa, pero nada sucede. Quiero decirte amado lector, que ese es el escenario perfecto para desarrollar la paciencia devocional.

NUNCA SALGAS A PRISA DE SU PRESENCIA

En Eclesiastés capítulo ocho; el predicador nos aconseja que no lleguemos a la presencia del rey con prisa. En ocasiones el rey querrá entregarnos algo, y saldremos por prisa de su presencia sin recibirlo. Recuerdo cuando tenía apenas unos meses de haberle entregado mi vida a Cristo. Había tenido un mes muy estresante, me sentía desanimado; por tal razón, casi no oraba. Sentía pesadez para ir a la iglesia y cuando iba salía igual o peor de como entraba. Una noche cansado de mi situación, le dije al Señor: —*me voy a encerrar desde las doce de la media noche aquí en la iglesia. ¡No aguanto más, necesito hagas algo conmigo!*–. Comencé a orar, pasó una hora y nada. Luego comencé a experimentar náuseas y un fuerte dolor de cabeza, pero estaba decidido a no seguir así e hice resistencia. Pasaron dos horas más y el dolor de cabeza y las náuseas se habían intensificado, me desesperé y exclamé al Señor en aquel templo: –¡llevo tres horas aquí orando y nada!, ¿me vas a dejar así? Si no haces algo conmigo, me voy a ir, Señor, ¡no aguanto más!–.

Recuerdo que después de haber dicho esto, me tranquilice y

pensé –tratare de ser paciente, tengo que aprender a esperar–, y llegó a mi memoria cuando el salmista dijo:

«Pacientemente esperé a Jehová, y se inclinó a mí, y oyó mi clamor. Y me hizo sacar del pozo de desesperación...» (Salmos 40:1,2).

Ungí mis manos con aceite y comencé a orar rogando por la bendición de Dios sobre la congregación que allí se reunía. Unos cinco minutos después, sentí como si me hubiesen echado una cubeta de agua fría por sobre mi cabeza, ¡Jesús había llegado!, una sombra negra se desprendió de mí y el dolor de cabeza se esfumó al instante. Las náuseas desaparecieron y comencé a orar en nuevas lenguas, mientras eran derramadas lágrimas de regocijo por mis mejillas y fue cuando para sorpresa mía, una mano se posó sobre mi hombro; voltee a mirar y no había nadie, pero la mano invisible seguía sobre mi hombro. La paciencia devocional había rendido fruto y una experiencia fresca con el Espíritu Santo, hidrataba mi fe y devoción.

Hoy día no puedo evitar pensar, que hubiera sucedido de no haber perseverado en oración. De que me hubiese perdido si no hubiese resistido esperando un poco más; tal vez no le estuviera relatando este testimonio. De seguro no le podría decir que Jesucristo mismo posó su mano sobre mí y que ha sido una de las experiencias más hermosas de toda mi vida, tan solo por desarrollar mi paciencia devocional. ¡Cuánto pudiésemos ver si sólo tuviésemos paciencia al orar!, si permaneciéramos un tiempo extra. Esto fue lo que el profeta Eliseo le reclamó al rey Joás en su profecía contra los sirios, ¡si sólo hubieras golpeado unas veces más, no tendrías que volver a enfrentarte a tus enemigos, por cuanto golpeaste sólo tres veces, tres veces lo vencerás!. Esta historia señala la decepción de acostumbrarnos a vivir generando esfuerzos a medias y desertar de un encuentro con Dios sin sacar el máximo provecho. ¿Por qué conformarme con esfuerzos fallidos y pensar que sólo eso basta, cuando Dios quiere hacerlo por completo?.

No debemos acostumbrarnos a vivir generando esfuerzos a medias; desertando de un encuentro con Dios sin sacar el máximo provecho.

Jesús, según el evangelio de Mateo en su capítulo catorce, dejó a sus seguidores en la orilla, pues estaban con Él por un corto tiempo, buscando que Jesús supliera sus necesidades, sin tener hambre de más; pareciese que entre líneas Jesús, les decía a sus discípulos:

–Sé, que ya es de noche y debo despacharlos a sus hogares, pero entréguenme un tiempo extra, y los llevaré a profundidades, donde los seguidores sin paciencia no llegan, porque se cansan de esperar y regresan a sus casas, con mis beneficios en sus manos, pero sin mi amistad. Profundidades en las cuales me verán caminar sobre las aguas, calmar la tempestad y transfigurarme frente a sus ojos, al tener paciencia y quedarse conmigo un tiempo extra–.

Jesús en el trato con sus discípulos y los seguidores, me deja entender, que hay diferentes recompensas y tratos para los que hacen más que sólo intentarlo, ejercitando así su paciencia devocional. Con estos apuntes finales pretendo entregarle una herramienta espiritual para una edificación devocional sólida. El silencio y la paciencia, no únicamente para escuchar su voz, también, el silencio para meditar en su Palabra, el silencio para hacer introspección, analizarnos a nosotros mismos y meditar en nuestros caminos, el silencio como combustible de fe y la paciencia como el agente catalizador de la misma. Si practicas el silencio devocional y perseveras en la paciencia, con énfasis en estas perspectivas, no dudo que en algún momento seas sorprendido por una presencia silente que traiga algo extraordinario de Dios. En ocasiones, la mejor dirección en una decisión que tenemos que tomar llegará, cuando hagamos silencio devocional, meditemos en su Palabra y nuestros caminos, y así como la pareja de la ilustración, hacer silencio para que aquello que en Cristo, tanto anhelamos (*como el conejo de la ilustración al pie de este capítulo*) salga a nuestro encuentro.

«Ora conmigo»

Padre, en el nombre de Jesús, ayúdanos a comprender los silencios, los momentos que tú callas y los que a nosotros nos toca callar. Llévate toda prisa de mi corazón al acercarme a tu presencia. Espíritu Santo, derrama sobre mí, espíritu de oración, sacia mi corazón que anhela escuchar tu voz, llévate todo pensamiento adverso que genere dudas sobre tu atención a mi oración. En el nombre que es sobre todo nombre, Jesucristo. ¡Amén!

---

1. **jupomoné.** [ὑπομονή] resistencia o aguante alegre, paciencia perseverancia. Según la concordancia y diccionario de términos hebreos y griegos 'Strong' #5281.

CRÓNICAS DE UN

Intimo

«LOS QUE CONSTRUYEN SON LOS PACIFICADORES, A LOS HOMBRES QUE OSTENTAN LA GUERRA AUNQUE TENGAN UN BUEN CORAZÓN, DIOS NO LES PERMITEN CONSTRUIR. DIOS COMPARTE SUS PROYECTOS Y PERMITE LA COLABORACIÓN SÓLO DE AQUELLOS QUE ACCIONAN COMO PACIFICADORES.»

#CODIGOINTIMO

COMPARTE EN:

ALIANZA DEVOCIONAL

CAPÍTULO X

«Mejores son dos que uno; porque tienen mejor paga de
su trabajo. Porque si cayeren, el uno levantará a su
compañero; pero ¡ay del solo! que cuando cayere, no
habrá segundo que lo levante. También si dos durmieren
juntos, se calentarán mutuamente; mas ¿cómo se
calentará uno solo?»
(Eclesiastés 4:9-11)

«Cuando el rey David era viejo y avanzado en días, le
cubrían de ropas, pero no se calentaba. Le dijeron, por
tanto, sus siervos: Busquen para mi Señor el rey una
joven virgen, para que esté delante del rey y lo abrigue, y
duerma a su lado, y entrará en calor mi Señor el rey. Y
buscaron una joven hermosa por toda la tierra de Israel, y
hallaron a Abisag sunamita, y la trajeron al rey. Y la joven
era hermosa; y ella abrigaba al rey, y le servía; pero el rey
nunca la conoció»
(1 Reyes 1:1-4).

Era una tarde de verano en el estado de Texas, un joven enfadado daba gritos diciendo: ¡yo no seré pobre como mis padres, aunque sea solo, me haré rico!. Así comenzó una nueva etapa en su vida, a temprana edad consiguió empleo en una distribuidora de automóviles cerca de su casa. Fue intercalando posiciones, lavaba autos, fue mensajero, vendedor, hasta que con mucho esfuerzo llego a ser gerente. Trabajó muy duro hasta que un día reunió la cantidad de dinero suficiente para comenzar su propia empresa. Su empresa marchaba sobre ruedas, llegando al primer lugar en venta de autos importados de toda la nación americana. Como es de saber, los años pasaron y este joven impetuoso y robusto, había desaparecido. Ya su cabello no era rojizo, ahora era blanco, ya no tenía un torso esbelto y firme, ahora se sorprendía por la gran joroba que salia de su adolorida espalda. Por su falta de fuerza y la gran competencia que había a su alrededor, la empresa, que con mucho esfuerzo había levantado, era amenazada con la quiebra. Intentó muchas cosas, puso más publicidad por medios de comunicación, carteles frente a su comercio ¡Nada funcionó!, sus esfuerzos eran fallidos.

Una tarde, a días de cerrar su negocio y declararlo en quiebra, un joven tocó la puerta de su oficina. El anciano se secó sus lágrimas y con rostro firme le atendió. El joven sabiendo que quien estaba frente a él era un gran empresario le dice: —yo he comenzado con mucho esfuerzo un mercado de autos pequeño, he tocado las puertas de muchos mega mercados como el suyo para asociarme y poder alcanzar más. Tengo muchas grandes ideas, pero mi presupuesto no me alcanza. Sé que es arriesgado, pero si me da la oportunidad no se arrepentirá–.

El anciano piensa para sí:

–Yo estoy a punto de perderlo todo, no tengo nada que perder, además no puedo negar que este joven me acuerda a mí cuando comencé–.

Y sin titubear le respondió al joven: —trato hecho–.

Desde ese instante comenzaron a implementar ideas y todo resulto ser un gran éxito. Al cabo de algunos meses su empresa en alianza, no sólo operaba en el Estado de Texas, también se extendieron a toda la nación. Ante tanto éxito el alcalde de la ciudad, quien cada año reconocía a un empresario sobresaliente, nominó para este premio a este anciano, por su inesperado éxito con su nueva empresa. En la ceremonia de reconocimiento convocaron al podio al anciano empresario y le preguntaron:

–¿Cuál fue el secreto de su éxito?–

Él anciano con una sonrisa amplia no dudó en contestarles:

–¡la alianza corporativa!–.

Y al instante llamó al podio junto a él a su joven socio y continuo afirmando mirándole a los ojos:

—El día que me afilié contigo para hacer crecer tu compañía, fue el día que la mía salió de la quiebra. Todo en mi vida lo he hecho solo, pero descubrí que a lugares altos se puede llegar solo, pero a la cima se llega acompañado. Tú creciste y yo salí de la quiebra, ambos somos testigo del poder de la alianza—.

~

EL ENVEJECIMIENTO DEVOCIONAL

*T*odos al pasar de los años hemos descubierto cambios en nuestro metabolismo, envejecimiento de la piel, pérdida de estatura, caída del cabello entre otras cosas. De la misma forma que nuestro físico sufre cambios, también sucede con nuestra vida devocional; algo que yo le llamo un envejecimiento de la devoción. Son momentos donde quieres apartar la mañana para orar o leer la Biblia, y no te sientes tan emocionado como antes, ahora te causa sueño y si cierras la palabra de Dios con facilidad, enciendes tu televisor, pero al hacerlo notas que has perdido todo el sueño. Te levantas a orar y con facilidad tu mente se distrae quedándote dormido sobre tus rodillas; ya no están las mismas fuerzas de antes para interceder, gemir en el espíritu o adorar; todo esto es parte de un envejecimiento devocional. Llegas a los servicios de tu iglesia y te mantienes con los ojos abiertos, vigilante de todo lo que transcurre a tu alrededor. La expectativa está silente y moribunda, sin deseos de que algo sobrenatural suceda en tu vida, sólo haz llegado a un servicio más. Se escapan de tu boca alabanzas esporádicas y con facilidad te distraes con los niños del vecino. Al salir del servicio estás satisfecho, pues no recibirás la llamada del pastor; pues cumpliste con tu asistencia. Esto mis amados lectores, son síntomas de un envejecimiento devocional.

Observemos otro ejemplo con mucho respeto. Eres el primero en llegar al servicio, como pastor la disciplina y responsabilidad es una virtud a modelar, pero al comenzar el servicio empiezas a pensar en todo lo que podrías adelantar en la oficina de la iglesia. Piensas que no estás fallando, porque estás trabajando para Dios. Calculas todas las consejerías que podrías adelantar y así tener más tiempo libre para ti y tu familia, porque siempre te toca estar en la iglesia. Te escabulles del santuario sigilosamente, para no despertar la atención de nadie, pues no quieres que ningún hermano se distraiga con tu ausencia en el periodo de adoración. Apresurado entras en la oficina pastoral para ocuparte de la obra, olvidándote de atender tu relación con el dueño de esa obra. Pasa el tiempo, pero con astucia te las arreglas para regresas al culto justo a tiempo; pues tu eres el ministro y debes despedir a los hermanos y así cumplir con tu oficio, sin si quiera pensar en tu vida de devoción. Esto mis queridos, también son señales de un envejecimiento devocional. Situaciones como éstas suelen acontecer en nuestras vidas.

DECODIFICANDO UN REJUVENECIMIENTO DEVOCIONAL

Todos en algún momento hemos vivido un envejecimiento devocional y no nos hemos percatado. Recuerde que el que envejece no lo percibe hasta que el cuerpo le envía señales del envejecimiento. No es hasta que tratas de levantar algo del suelo, o adoptar una posición que antes hacías con facilidad, que piensas: –¡Estoy envejeciendo!–. Puede ser que ante lo presentado te preguntes: ¿Perderé mi salvación por eso? No es lo que pretendo establecer, pero Jesucristo hablando a Juan en el libro de Apocalipsis le llamó a este conflicto *'perder el primer amor'* (Apocalipsis 2:4,5). David lo experimentó y escribió lo siguiente de esto:

> «*Mientras callé, se envejecieron mis huesos en mi gemir todo el día*» (Salmos 32:3).

Nunca humanamente hablando, por usted guardar silencio se va a deteriorar su cuerpo, me parece que a forma de metáfora, David quería explicar una condición del alma cuando por el descuido espiritual. Si has vivido algo similar a lo antes expuesto, no te turbes, ¡hay solución!. Así como la Biblia presenta un envejecimiento devocional, también nos muestra personas como tu y como yo que lograron rejuvenecerse devocionalmente. El profeta Isaías plasma esto en su libro escribiendo lo siguiente:

> «*Pero los que esperan a Jehová tendrán nuevas fuerzas;*
> *levantarán alas como las águilas; correrán, y no se*
> *cansarán; caminarán, y no se fatigarán*» (Isaías 40:31).

Si analizamos los versos anteriores, veremos que se habla de una pérdida de fuerzas por envejecimiento, pero en el verso veintinueve (29) se señala una promesa a los que esperan en Él, *«...tendrán nuevas fuerzas...».* Tenemos que establecer que el profeta, de forma alegórica, se refería a las fuerzas espirituales y no físicas, pues metabólicamente todo el que corre se cansa y todo el que camina en algún momento se fatiga, por eso como planteamiento inicial, el profeta nos dice *«...Levantarán alas como águilas...»* con la intención de conectarnos con la afirmación del Salmista, la cual apunta a experimentar el ser rejuvenecidos como las águilas (Salmos 103:5).

Por tanto, sin temor a errar afirmo, que sí es posible que nuestra vida devocional sea rejuvenecida. Aquí es donde toma parte la alianza devocional. Hago referencia a esos momentos donde intentas levantarte por ti mismo sin ayuda de nadie, donde has buscado recuperar tus fuerzas espirituales y no has tenido éxito. Si este ha sido tu caso; no titubees en accionar estos principios que el Espíritu Santo está desatando a tu corazón. Si en este instante tu corazón arde por un rejuvenecimiento, debes preguntarte ¿Cómo funciona la alianza devocional?

Permítame descodificar a tu corazón este concepto con una de las experiencias del rey David en su vejez.

Cuando el rey David había envejecido por causas fisiológicas no podía sentir calor en las noches. Algunos eruditos piensan que tenia un trastorno de la circulación sanguínea y esto le impedía que su cuerpo tuviese la capacidad de mantenerse caliente. Por esta razón sus fieles idearon la solución de traerle una jovencita de las aldeas de Israel para que durmiendo a su lado y le abrigara del frío. Esta joven se llamaba Abisag (*Nombre que significa padre de error*). Abisag era una muchacha de hermoso parecer, pero con nombre de maldición. Ella, fue suficiente para ayudar que el rey David no durmiese con frío, y la escritura narra que David nunca la conoció (o sea nunca tuvo relaciones sexuales con ella). Sólo fue una alianza con el propósito de un beneficio mutualista. David dejaba de tener frío en las noches y ella no sería más despreciada, ni pobre por haber servido al Rey.

Ayudando a otros te ayudarás a ti mismo.

Analicemos este asunto; David estaba muy avanzado de edad y ella se encontraba en la ruina, dos personas cuyas situaciones aparentaban no tener remedio, y fue a través de la alianza que ambos fueron beneficiados.

De la misma forma esta herramienta de la alianza nos puede ayudar mucho en nuestra vida devocional. Te recomiendo busques a alguien que esté comenzando, que tenga problemas como tú para orar y motívalo a entrar en oración contigo, aunque tú mismo no tengas muchas fuerzas. Si haces esto, como el vendedor de autos, ayudando a otros te ayudarás a ti mismo, porque solos podemos llegar a lugares altos, pero a la cima se llega acompañado.

En una ocasión experimenté un envejecimiento devocional. Lo que antes era espontáneo y sencillo, ahora me resultaba difícil y agotador. Dios inquietó mi corazón y contacté a un hermano que me había comunicado que tenía luchas para orar y lo invité a orar de madrugada a la oficina de nuestro ministerio. Recuerdo me sentía muy cansado al día siguiente, calculé por instantes llamar a este hermano y excusarme, pero el compromiso acordado con este hermano me obligó a no fallar. Esta alianza de oración me obligó a levantarme, porque sabía que él hermano me estaría esperando en las oficinas del ministerio. Les confieso que tal vez, si no hubiera tenido esta alianza con este hermano, no me hubiese levantado. Sé que usted pensará, ¿Por compromiso con el hermano te levantaste y no por el compromiso con Dios? Le diré que sí, pues, aunque amaba a

Dios y en todo lo demás estaba comprometido, se me hacía muy difícil en ese momento interrumpir mi sueño para levantarme a orar. Al comienzo era pesado, a veces quería que mi socio de oración se quedara dormido para no tener que levantarme, pero en ese instante recibía el mensaje texto que decía: —Te veo en la oficina del ministerio–. Al cabo de una semana se rejuvenecía tanto mi devoción, que el tiempo no me daba para hablar con Dios como yo quería. Mi vida devocional se había rejuvenecido como al principio, usando una alianza devocional. Ahí fue cuando el Espíritu Santo me enseñó esta herramienta tan poderosa que continuamente la uso todavía. Tiempo después, aquel hermano me confesó tener las mismas luchas que yo para levantarse a orar conmigo y que el haberse aliado conmigo lo obligó a llegar al tiempo que habíamos pautado para orar, ¿Se da cuenta, lo logra percibir? Ayudando a otros me ayude a mi mismo.

DIVERSIDAD DE FORMAS PARA ACCIONAR LA ALIANZA DEVOCIONAL

Hay diversas formas de emplear este aspecto del código; puedes hacerlo con tu pareja, comprometiéndose a cubrirse cada uno en oración, a cierta hora del día o madrugada, nadie mejor que tu esposo(a) para asociarte en oración. Otra forma es hacerlo con otras personas, como hermanos de tu iglesia o un amigo muy cercano; enviándose mensajes de texto con peticiones de oración en la madrugada, con la regla de que cada parte debe indicar que está despierto respondiendo al texto. También pueden reunirse en un lugar donde puedan orar juntos. Otra forma es usando las redes sociales, convocando a ciertas personas a interceder contigo a cierta hora de la noche o madrugada; esto es una alianza indirecta, pero como ninguno sabe que ayudándolos a ellos buscas ayudarte a ti mismo, será un éxito. Ocúpate en la astucia de anunciar el «live» de oración que harás unas horas antes, para que así estés comprometido y te sientas obligado a cumplir con este tiempo, notarás que al cabo de unos días se rejuvenecerá tu devoción y no necesitarás de la compañía de alguien para intimar en oración con el Espíritu Santo.

Lo importante es sacudirte del síndrome de Elías que te hace pensar que estás solo. El mismo Jesús en el momento más crucial de su ministerio, cuando iba a hacer la oración que lo haría sudar sangre, no subió a Getsemaní solo; más bien, invitó a sus discípulos a orar, pues sabía que para Él el proceso sería muy fuerte. Son momentos de alianza devocional. Cuando el fuerte se junta al débil, sólo se beneficia el extremo débil, pero cuando el débil hace una alianza y se junta con otro débil eso los obliga a hacerse fuertes los dos, entonces ambos serán beneficiados.

Cuando el fuerte se junta al débil, sólo se beneficia el extremo débil, pero cuando el débil hace una alianza y se junta con otro débil eso los obliga a hacerse fuertes los dos, entonces ambos serán beneficiados.

Te advierto, cuando comiences a usar como herramienta la alianza devocional, vendrán dardos de fuego a tu mente, es decir, pensamientos que te dirán: —*no quisiste orar solo, si realmente amaras a Dios hubieras orado en privado*–. El enemigo intentará todo lo posible para desalentarte, pero para brindarte paz en medio de estos ataques, es necesario que sepas que el mismo Jesús usó esta estrategia de la alianza devocional, por eso no subió solo al Getsemaní en el momento más crucial de su ministerio terrenal (Mt. 26). En la manera que oraba, vemos reflejado el temor y la indecisión, pero vemos que usó la alianza como soporte. Jesús había orado solo muchas veces, entonces ¿Por qué en la oración más difícil de su vida, Jesús no estaba solo? Eclesiastés 4:9-11, nos arroja mas luz del porque Jesús actuó de esta forma. Aun siendo hijo de Dios, necesitó aliarse con otros para reforzar su tiempo de oración. Amado lector, te exhorto con lágrimas en mis ojos, no dejes que el envejecimiento devocional te lleve a la quiebra espiritual. Haz alianza con otro que lo necesite. No importa que título o posición tengas dentro de tu iglesia u organización, conéctate con otras personas para ayunar, vigilar, adorar, orar y leer la Biblia. Sé que haciendo esto, ayudando a otros se rejuvenecerá tu vida de oración.

◞

«Ora conmigo»

Señor, ayúdame a reconstruir una vida espiritual placentera. Cancelo todo envejecimiento devocional en el nombre de Cristo. Ayúdame a hacer las alianzas correctas. Reprendo todo síndrome de Elías y te ruego abras un manantial fresco de tu Espíritu en mi corazón. En el nombre de Jesús. ¡Amén!

CRÓNICAS DE UN

Intimo

«CUANDO TE APAREZCA UNA ZARZA
EN TUS DESIERTOS COMO A MOISES,
NO DUDES EN REMOVER TU CALZADO,
PUES PARA CONOCER A DIOS EN EL
ESPLENDOR DE SU PODER, EN
OCASIONES HAY QUE PERDER EL
CALZADO DEL PASADO Y AFERRARTE A
LOS INCIERTOS DEL ESPÍRITU.»

#CODIGOINTIMO
COMPARTE EN:

EL CÓDIGO DEL DESCANSO

CAPÍTULO XI

"Al llegar el séptimo día, Dios descansó porque había
terminado la obra que había emprendido."
(Génesis 2:2 NVI)

"Jehová es mi pastor; nada me faltará. En lugares de
delicados pastos me hará descansar; Junto a aguas de
reposo me pastoreará." (Salmo 23:1-2 RV60)

*Apenas era un muchacho...un muchacho con hambre de
profundizar en Cristo. Una mañana el Espíritu Santo ministro
a mi vida de la necesidad de descansar en Dios con múltiples
días de ayuno. La presencia de Dios fue tan fuerte en mi habitación que no podía salir de allí; me encontraba atrapado por
una gloria de Dios indescriptible. Seguían pasando las horas y
ya mis padres comenzaban a preocuparse; pues permanecía
cautivo por el amor de Dios en aquel cuarto. Sorpresivamente
una fragancia a aceite ungido impregnó mi cuarto. Mis padres
al percibir este aroma comenzaron a golpear mi puerta*

pensando que por error había desparramado algún tipo de aceite. Me levanté de mis rodillas donde el fuego del Espíritu me tenía cautivo, atendí a mis padres ante su preocupación, y al mirar la puerta de mi habitación encontramos que destilaba de ella aceite ungido y una silueta, como de paloma, había quedado impresa en ella. Entendí que al entrar al descanso de Dios en oración; el Espíritu De Dios en persona marco mi habitación y mi vida para siempre. Hoy día a casi veinte años de ministerio podría decir que cambiaría toda una vida de cruzadas de milagros, por un minuto de descanso en la presencia de Dios.

–Evangelista José Luis Hernandez[1]

~

*M*i deseo en esta etapa del libro es descodificar a tu corazón una herramienta más, una que por algunos ha sido olvidada. Herramienta esencial para construir una vida devocional, una sola expresión que implica tanto, 'descanso'. Ante una sociedad tan cambiante, que nos impulsa a vivir acelerados, somos obligados a dos cosas; Mantenernos a su ritmo o ser atropellados por el tren de la continua innovación. Esto nos lleva a reflexionar que el hombre vive acelerado, sin tiempo para descanso y que su propósito parece ser trabajar toda una vida, para adquirir algunas cosas y luego morir. Nuestros trabajos, nuestras responsabilidades y obligaciones, en ocasiones se han tornado en un ferrocarril a alta velocidad, sin freno; que, si no nos cuidamos, se descarrilará.

Calculemos por un instante como es un día habitual en tu vida; es posible, sea de la siguiente manera: Suena la alarma del despertador a las cinco de la mañana, apagas la alarma y la aplazas diez minutos más, pues estas muy cansado(a). Sin querer te quedas dormido(a) por un lapso mayor del que esperabas. Los rayos de sol por tu ventana te avisan que te has excedido y si no te apresuras llegaras tarde al empleo. Sueltas un grito desesperante diciendo: !Dios se me pegó la sabana!, corres a asearte, si te da tiempo, en otros casos solo te vistes y sales a toda prisa, pues tienes que llevar a tus niños al colegio para tratar de llegar a tiempo al trabajo. Por fin, pudiste esquivar el gran congestionamiento vehicular y llegando a tu lugar de trabajo aparece el jefe solicitándote que agilices las tareas que están estancadas. Tanto es el afán del día que casi ni puedes almorzar bien, pues tienes que terminar tus responsabilidades, y así, termina una tarde de un día más en tu vida. Al llegar a tu hogar te sientas en los muebles con un gran cansancio, enciendes la tele y frente a ella te quedas dormido con un susurro en entre tus labios en forma de ruego que dice: ¡Necesito unas vacaciones!

Si nota mi amado lector dentro de esta ecuación de vida no está un ser muy especial, ¡Dios! Esta tal vez puede ser tu historia, con algunos matices diferentes pero muy parecidos, matices como orar en el automóvil, lo cual no juzgo, ni mucho menos resto valor, pues como antes ya lo he señalado la oración nunca deja de ser poderosa, pero de igual manera te sientes arrollado por las exigencias y responsabilidades de la vida.

Una realidad impera en la mente del que es impulsado por este tren 'necesito descanso'. Para partir con firmeza y descodificar propiamente este principio, tenemos que establecer que Dios comprende que tenemos necesidades y las dificultades que enfrentamos a diario, pero aun así quiere que nos permitamos separar un espacio para descansar junto a Él. Nadie en el universo tendrá más responsabilidades que nuestro Dios. Nadie es y jamás será más trabajador que Dios. Tanto que Jesús explicó el rol de nuestro Padre Celestial diciendo: 'mi padre hasta ahora trabaja' (Juan 5:17). Jesús dijo durante su ministerio terrenal que él y su padre trabajan; entonces podemos interpretar que hay un trabajo que Dios hace a favor de nosotros. El ser responsables con nuestro tiempo descanso esta correlacionado a una espiritualidad saludable. Algunos científicos han descubierto que nuestra espiritualidad guarda mucha relación con el comportamiento de nuestro cerebro. En ocasiones la ausencia de descanso afectará la función de los neurotransmisores y otras partes del cerebro que podrían llegar estorbar algunos procesos espirituales. Descubrí que las muchas ocasiones que no asistí a una cita divina de madrugada o que no podía concentrarme en oración era porque no había descansado bien. En el evangelio de Mateo 26:41, Nos encontramos un relato donde a simple lectura pareciera que Jesús le reprochara a sus discípulos el no orar tan si quiera una hora, pero si analizamos a profundidad encontraremos el apoyo de Dios al descanso.

DIOS DESCANZÓ PARA SER NUESTRO DESCANZO

En el primer capítulo del libro de Génesis, encontramos el relato de la creación, vemos el arduo trabajo de Dios por siete días, pero hay algo de este relato amado lector que salta a mi atención, al Séptimo día Dios *descansó*. ¿Será que Dios se cansa?, para nada, la palabra de Dios establece:

> «¿No has sabido, no has oído que el Dios eterno es
> Jehová, el cual creó los confines de la tierra? No
> desfallece, ni se fatiga con cansancio, y su
> entendimiento no hay quien lo alcance.» (Isaías 40:28
> Rv60)

Por tanto, queda claro que Dios no se cansa, Pero entonces, ¿Por qué descansó? La intención del Eterno en génesis capitulo uno, era mostrarnos un código íntimo de su ser y establecer para nosotros un modelo devocional. En Génesis 1:10,11,12,18,25; Hay una expresión de Dios que el escritor resalta: *«y vio Dios que era bueno»*, esta expresión, parece no ser necesaria, pero recuerde, que Dios no crea sin propósito, estaba haciendo todo para plantar a quien se le categoriza en la Biblia como el sello de la creación, *el hombre.*

El escritor sagrado nos deja saber que, entre obra y obra, Dios tomaba tiempo para contemplarla y deleitarse en ella, dejándonos así, un ejemplo devocional para nosotros; el cual nos invita, a que, de momento en momento, debemos detenernos y así como Dios hizo, solo detenernos a contemplar lo que Él ha hecho por nosotros. Amado lector te invito a acostumbrar tu ser, que en lapsos de tu diario, medite en la obra que Dios ha hecho contigo, notaras que esto ayudará mucho a construir o mantener sólida la devoción que hemos alcanzado hasta el momento. Ahora bien, retomemos nuestra pregunta de partida, ¿Por qué Descansó Dios? El escritor del Génesis en el capítulo dos, nos dice que cuando la obra fue terminada, Dios en el día séptimo, reposó. ¿Por qué Dios toma la acción de trabajar seis días y reposar uno? De seguro Dios sabía que el hombre tendría dos grandes enemigos... *El afán y la pereza.* Dios trabajó seis días, para enseñarnos a no dar oportunidad a la pereza en nuestras vidas y descansa uno diciéndonos no permitas tampoco el afán. Note que hay una desproporción en el asunto en discusión, seis días repudian la pereza y uno el afán. Conociendo Dios que el hombre tendría más tendencia a la pereza que al afán; es por esto que Dios descansó, dejándonos saber que, aunque no te sientas fatigado con cansancio, debes separar, aunque sea un día para Él. ¿Por que esperar a sentirnos fatigados espiritualmente para descansar en él? ¿Si Dios mismo nos enseño que aunque no se sentía cansado, descanso para disfrutar lo que hizo? Algunos recibimos la obra de Dios, pero no separamos tiempo para disfrutarla descansando en él. ¿Leuyin, nos estas indicando que nos volvamos sabatistas o volvamos a la Ley?, ¡No!, ¡En lo absoluto!, mi intención es animarte a que pienses en un día y lo separes para descansar en el Espíritu Santo.

Dios trabajó seis días en la creación para modelarnos balances, cerrando la oportunidad a la pereza en nuestras vidas y descansó uno, diciéndonos no permitas tampoco el afán.

Hubo una temporada donde se enseñó en nuestras iglesias que nuestras oraciones se acumulaban en el cielo en un banco que Dios aparentemente tiene. Esta enseñanza contribuyo en debilitar la zapata del edificio devocional de muchos creyentes, creando una cultura de que el momento de descansar en Dios, a través del ayuno o vigilia, era sólo cuando tenías un problema o te sentías débil espiritualmente. Este no fue el modelo que Dios implantó en el génesis, recordemos que Dios no estaba cansado, pero como quiera descansó. No puede haber deleite si no hay descanso, por estos conceptos algunos adelantan unos pasos y después retroceden. Esto despierta en nosotros una mentalidad conformista, con expresiones como: ¡Todos en el señor tenemos altas y bajas! Aceptar esto es como decir que Dios diseño nuestra vida devocional para ser inconstante. Bien mi mensaje podría ser humanista, plagado de expresiones tibias, para acomodar y excusar tu condición, pero ¡No!, sé que ya al momento debes estar irritado conmigo amado lector, pero te ruego me permitas unas líneas más para aterrizar este concepto. Dios no descanso porque lo necesitara, mas bien lo hizo porque quizo. No debemos solamente esperar al momento que lo necesitemos para hacerlo, debemos descansar en Él por qué queremos estar con Él, aunque aparentemente no lo necesitemos. Decide descansar y deleitarte por devoción y no por necesidad. Necesitamos crear una contracultura devocional no de solamente separarnos y descansar por necesidad, hacerlo antes que la reserva llegue a cero, o acaso usted espera que su auto marque la luz de la gasolina, o el tanque este vacío para echar gasolina, ¡Para nada! Nuestro vehículo comenzaría a tener desperfectos mecánicos, que después a corto o mediano plazo tendría consecuencias nefastas. De la misma forma debemos internalizar que el descanso en Dios a través de la oración es la clave para lo que en nuestros demás seis días construiremos. Muchas veces oramos: ¡Señor dirígenos, pastoréanos! Pero la clave para tener dirección y tomar decisiones correctas en nuestra vida, reside en separar tiempo para descansar en Dios.

En el Salmo veintitrés, el salmista nos ilustra, que la señal de que Jehová el Señor es tu Pastor es que en lugares de delicados pastos te hace *descansar* (ósea **el descanso)**. El mismo salmista añade que el descanso en Dios tiene varios efectos, por consiguiente:

1. Te pastoreará.
2. Será confortada tu alma.
3. Serás guiado por sendas de justicia.

Aún la experiencia de Israel en el desierto nos arroja luz de como Dios espera que nos acerquemos. El maná era distribuido a cada mañana, la ración distribuida por Dios era suficiente para un día, con el deseo que al día siguiente tuvieran la suficiente hambre para acercarse de nuevo a esta manifestación prodigiosa. Si la oración es maná para el alma, esta historia nos deja ver a Dios, prohibiendo que se guardara el maná, si lo hacían se descomponía, cada mañana debían levantarse a buscar el maná que caía del cielo, Dios quería alejar de ellos con esto la pereza y que abrazaran el concepto de la necesidad diaria.

Con esto pretendo desarticular el errado concepto de que hay un banco en el cielo que acumula nuestras oraciones para el día que no podamos orar, esta idea asesina nuestra hambre espiritual. Así la oración, debe ser un recurso de acceso diario y no esporádico, en el camino muchas cosas tratarán de ahogar nuestra vida devocional, pero te presento esta herramienta *el descanso*.

Durante tu semana toma lapsos del día para solo meditar en lo que el Eterno ha hecho por ti y darle gracias. Notaras que no será pesado el separar un día completo para El, pues tu ser lo anhelará automáticamente. Recuerda que en la práctica del descanso devocional, entiéndase como descansar en Dios, disfrutaras de estos beneficios:

- No forzaras puertas.
- No albergaras al desespero.
- Tendrás poder sobre tu entorno.
- Poseerás pensamientos más claros y definidos.
- Experimentaras la paz de Dios como gobierno y no como un sentimiento.
- Revitalizaras tu fe.

Este arsenal espiritual será a tachado a tu equipaje de modo que el orar sea un evento donde te pones de acuerdo con el Espíritu Santo y no lapsos de ruegos sin sentido. Tan solo con descansar en Dios.

∼

«Ora conmigo»

Espíritu Santo en el nombre de Jesús ayúdanos a separar un tiempo de descanso en ti, cancelo toda influencia de pereza o afán sobre mi vida, ¡Mi Señor pastoréame!, llévame a descansar en ti, Y quebranta en este momento, mi comodidad, irrumpe en mi recamara, levántame con tu dulce voz, interrumpe nuestras atareadas vidas con tu presencia de modo que solo anhelemos descansar en ti, y que tu paz que sobrepasa todo entendimiento gobierne mi corazón, en el nombre de Jesucristo, ¡Amen!

---

1. El testimonio devocional compartido al pie de este capítulo ha sido suministrado por el Evangelista José L. Hernandez quien es presidente y fundador del ministerio Internacional Todavia Hay Poder de Dios, con residencia en Toa Baja, P.R.

Crónicas de un

Intimo

«CRECIMIENTO Y MADUREZ NO SON
LO MISMO, EL CRECIMIENTO ES
RESPONSABILIDAD DE DIOS, PERO LA
MADUREZ ES RESPONSABILIDAD
NUESTRA, POR IGNORAR ESTO,
TENEMOS PERSONAS CON UNCIÓN;MÁS
SIN EMBARGO INMADUROS. LA
FINALIDAD DEL ESPÍRITU SANTO SERÁ
SIEMPRE MADURAR EL DEPÓSITO A
QUIEN HA COMPARTIDO SUS
SECRETOS.»

#CODIGOINTIMO

COMPARTE EN:

ALTURAS ESPIRITUALES

CAPÍTULO XII

«Quien hace mis pies como de ciervas, y me hace estar
firme sobre mis alturas»
(Salmos 18:33).

«Pero vosotros, amados, edificándoos sobre vuestra
santísima fe, orando en el Espíritu Santo...»
(Judas 20).

*Un piloto de avión se disponía a volar, cuando de repente
escuchó un chillido en la parte trasera de su asiento, al voltear
vio que era una rata, que estaba escondida entre los cables de
este avión. El vuelo no podía retrasarse para sacar dicha
sabandija. Fue cuando recordó un documental que una vez
miró en la tele, y recordó que las ratas no pueden resistir las
alturas, entendió que la mejor alternativa era despegar de la
pista. Conforme iba subiendo el avión, los chillidos de aquella
rata atrapada disminuían hasta desaparecer por completo. Ese
día quedó grabado en el corazón del piloto una ilustración muy*

relevante. "Cada vez que las ratas de la vida hagan chillidos, la solución es volar, pues las ratas no resisten las alturas".

∼

VENCIENDO LOS DARDOS DE FUEGO

odos alguna vez en nuestro tiempo devocional, hemos sufrido un nefasto ataque. Un ataque sin fronteras ni restricciones, como un chillido de las tinieblas que trata de estorbar la paz de nuestro tiempo devocional. Un ruido desconcertante y abrumador que con todas sus fuerzas trata de impedir nuestros vuelos a alturas espirituales. A esto la Biblia le tiene nombre; le llama: *'dardos de fuego'*. Con la intención de brindar fuerza a mi planteamiento, retomemos el verso:

> «*Porque no tenemos lucha contra sangre y carne, sino contra principados, contra potestades, contra los gobernadores de las tinieblas de este siglo, contra huestes espirituales de maldad en las regiones celestes*» (Efesios 6:12).

Una realidad que no podemos ignorar es que dos fenómenos se oponen y conspiran constantemente contra nuestro tiempo devocional. Uno opera como terrorista; y el otro sólo trata de acorralar tu mente para estorbar al máximo tu despegue a alturas con el Espíritu Santo. Uno es mi carne, mi yo, con sus pasiones y deseos, y el otro proviene de las tinieblas. Un mundo espiritual atacando mi pensamiento e imaginación. Me refiero a esos momentos donde te preparaste para orar, tienes sed de Dios, todo está debidamente organizado; tienes la música de adoración correcta, has leído las Escrituras, tuviste un tiempo de adoración, pero todavía no sientes la libertad para orar conectado al cielo. Levantas la voz, entrando en una lucha, buscando que tu espiritualidad venza a tu peor enemigo, tu carne. Pero de momento entra un pensamiento o una imagen mental que logró su objetivo, estorbar todo el proceso de despegue a las alturas con Dios. Un dardo de fuego que calcina tu pensamiento y distrae tu mente. La palabra de Dios lo identifica de esta forma:

«*Sobre todo, tomad el escudo de la fe, con que podáis apagar todos los dardos de fuego del maligno*» (Efesios 6:16)

Muchos reaccionamos en ocasiones de forma incorrecta, nos cansamos de luchar, nos levantamos de la oración y obviamos las diversas oportunidades devocionales de nuestro día. Cuando algo nos estorba y no nos permite concentrarnos debemos ejercitar nuestro discernimiento pensando que no todo el tiempo nuestra lucha en el tiempo devocional es contra demonios; por eso en devocionales anteriores, compartí cómo vencer a nuestro peor enemigo, nosotros mismos. Pero en este capítulo, pretendo hacer énfasis en los momentos que nuestra lucha es espiritual.

El Espíritu Santo una mañana me enseñó un principio muy poderoso mientras construía mi vida de devoción en su presencia. Una mañana experimentaba una fuerte lucha, pues durante la semana me había enterado de unos comentarios despectivos que un hermano en la fe había hecho de mi persona. Me resultó frustrante y doloroso, porque era una persona que tenía en alta estima. Mañana tras mañana me acercaba en oración y no encontraba la conexión, de repente como si un arquero disparase una flecha contra mi, venía a mi mente el recuerdo de las palabras que aquel hermano había dicho en mi contra. Imágenes golpeaban mi mente donde me veía agrediendo a este hermano. Cuando lograba reaccionar me sentía muy mal. Decía para mí:

—Señor, yo soy una nueva criatura, ¿por qué estoy pensando esto? Y más cuando estoy en mi tiempo contigo—.

Por una semana batallaba con esto y el Espíritu Santo me recordó la expresión de Efesios 6:16, «*dardos de fuego del maligno*». ¿Por qué dardos de fuego? En el griego la palabra dardo es **bélos**, que también significa flecha. Lo que el apóstol Pablo quería puntualizar en la carta a la Iglesia de Efeso no era el instrumento; más bien buscaba resaltar el método. Recuerde, que el ataque de un arquero no era un evento que sucedía cuerpo a cuerpo, se ejecutaba a distancia.

Muchas historias medievales registran la victoria de un ejército por la habilidad de sus arqueros. Soldados cuyas estrategias bélicas superaban los limites de distancia. En la Biblia el rey Acab fue muerto por una flecha a la ventura lanzada por un arquero anónimo [1Reyes 22:34]. Un arquero sin noción de la distancia a la cual realizó este disparo; pero si conocemos que tubo éxito en su objetivo. Sólo la Biblia registra que fue a la ventura, al aire, pero mató al rey. De la misma forma cuando gozas de una cobertura devocional correcta y vives en santidad para con Dios, las tinieblas cambiarán su estrategia de ataque, no lo harán cuerpo a cuerpo, con una enfermedad, o con una atadura, pues eres pertenencia de Cristo. Lo harán con flechas a distancia, cubiertas de fuego calcinante y destructor; flechas que si penetran el palacio de tu vida devocional lo incendiarán por completo. Pensamientos o imaginaciones, como cosas que tienes que resolver, problemas familiares, deudas, dudas, sólo con el propósito de distraerte como explicamos en el capítulo el factor distracción. Retomando la experiencia que les relataba al pie de este escrito; Identifiqué, que durante una semana estuve siendo blanco de ataques a distancia del adversario. Cuando gozas de una relación con el Espíritu Santo, el enemigo no puede tocarte y te atacará a distancia. El Espíritu Santo me recordó la ilustración que ya les compartí.

Cuando gozas de una relación con el Espíritu Santo, el enemigo no puede tocarte y buscará atacarte a distancia.

He aprendido que cuando este en un momento íntimo con Dios y los chillidos de los dardos del maligno, traten de estorbar mi despegue espiritual, no debo retrasarme, es momento de remontarme a mis alturas. Esas alturas que han sido diseñadas para ti, donde las flechas del maligno no te pueden alcanzar. Le pregunté al Señor, ¿cómo lo hago?, ¿cómo despego a las alturas, cuando los dardos de fuego me tratan de retrasar? El Espíritu Santo develó un principio de su código de intimo en medio del asedio de las tinieblas; el uso del don de lenguas en oración.

ELÉVATE ORANDO EN LENGUAS

¿Orar en lenguas?, sí, orar en lenguas, recuerdo que esa mañana me impulsó el Espíritu Santo a orar, por espacio de una hora, sólo en lenguas. Durante la manifestación de este don, durante mi tiempo de intimidad, algo sucedió, ya no había espacio para aquel recuerdo que me perturbaba. Ya no habían más distracciones, sólo lágrimas y la manifestación de unos de los regalos mas hermoso del Espíritu *el don de lenguas*.

Presento ante ustedes esta herramienta devocional, el orar en lenguas. Hoy día, cuando las flechas de las tinieblas son muchas, sólo elevo el vuelo y no retraso el despegue espiritual comenzando por el Espíritu a orar en nuevas lenguas. Con esto no pretendo decir que el don de lenguas es algo que es producido por el hombre, ¡No! Me refiero al hecho de que aún siendo producidas por el Espíritu Santo, el que habla en lenguas no es el Espíritu Santo, sino usted. Presento como solución devocional el lenguaje del cielo como parte de nuestra oración. El apóstol Pablo, en la carta a los Corintios lo presenta de esta forma,

«Porque si yo oro en lengua desconocida, mi espíritu ora» (1 Corintios 14:14).

Cabe resaltar que el apóstol señala que el orar en lengua desconocida por los hombres, es un método de oración. El mismo apóstol explicando este principio dijo:

«Si yo hablase lenguas humanas y angélicas...» (1 Corintios 13:1).

En esta cita separó lo celestial de lo terrenal, el idioma de los hombres, del lenguaje del cielo. Cuando oramos en lenguas, es el único momento donde lo que sale de nuestra boca no es para edificar a otros, sino a nosotros mismos.

«El que habla en lengua extraña, a sí mismo se edifica; pero el que profetiza, edifica a la iglesia» (1 Corintios 14:4).

Por años, corrientes cesacionistas que no creen en la vigencia de los dones y manifestaciones del Espíritu Santo, han pretendido estorbar este don en el creyente, con diversas interpretaciones y posturas, diciendo *–eso era para los apóstoles, es un don necesario para cuando estás en una tierra que no hablan tu idioma, Pablo dijo que si no había interprete de ellas callaran–*.

Aunque algunas de estas afirmaciones son ciertas debemos saber discernir el contexto en que fueron hechas. Pablo nunca reprendió el orar en lenguas; más bien corrigió el traer un mensaje en lenguas sin interpretación del mismo delante de una congregación. Permítame brevemente explicar este principio. El don de lenguas en la Escritura, opera de tres formas:

- En primer lugar, para llevar un mensaje.
- En segundo lugar, para edificación personal (orar en lenguas).
- Y en tercer lugar, como señal al incrédulo.

Entonces, a modo condensado podemos comprender que hay dos tipos de manifestación de las lenguas, *el mensaje y la oración*. En primer plano Pablo enseño el propósito de este don como mensaje diciendo que no tenía sentido si no había interpretación. Pablo prefería que se profetizase en la congregación a que se hablara en lenguas sin interpretación. En segundo plano explico el orar en lenguas, escribiendo lo siguiente:

«Porque si yo oro en lengua desconocida, mi espíritu ora, pero mi entendimiento queda sin fruto. ¿Qué, pues? oraré con el espíritu, pero oraré también con el entendimiento; cantaré con el espíritu, pero cantaré también con el entendimiento. Porque si bendices sólo con el espíritu, el que ocupa lugar de simple oyente (lenguas en público) *¿cómo dirá el amén a tu acción de gracias? pues no sabe lo que has dicho»* (lenguas como mensaje). (1 Corintios 14:14-16, aclaración añadida).

«Así que, quisiera que todos vosotros hablaseis en lenguas... Doy gracias a Dios que hablo en lenguas más que todos vosotros... Así que, hermanos, procurad profetizar, y no impidáis el hablar lenguas» (1 Corintios 14:5,18,39).

Como pudo notar amado lector, Pablo corrige la práctica en público sin interpretación, pero exhortó a la práctica y ejercicio de este don en oración, en el secreto. Por eso Judas verso veinte [Judas 1:20] dice: «**...orando en el Espíritu Santo**». Son momentos donde tu espíritu se hace uno con el Espíritu de Dios y oras de manera que tu entendimiento no comprende, pero tu espíritu se edifica. Este principio devocional es presentado en las Escrituras con el fin de ser uno con el Espíritu de Dios, quien conoce lo profundo de Dios. Tal vez en este instante te hagas preguntas como: ¿Es correcto pedirle a Dios hablar nuevas lenguas? ¿siempre se hablan las mismas lenguas? ¿uno mismo puede interpretar lenguas o es un don especial otorgado por Dios a personas específicas? El apóstol, en su carta a la Iglesia de Corintios, nos contesta exhortando que pidamos estos dones con fervor. Por tanto, sí es correcto pedirle a Dios hablar en lenguas. También nos exhorta, que las mismas sean renovadas, o sea, nuevas lenguas. Cuando por años nuestras lenguas son repetidas y son las mismas, habrá momentos devocionales donde el Espíritu de Dios te impulsará a un renuevo de las lenguas. Hablarás lenguas y hablarás lenguas sin detenerte. Es uno de esos momentos, donde el lenguaje del cielo es descodificado a tu espíritu. Cuando esto suceda no lo impidas, no lo suprimas, es el momento donde nuevas lenguas son añadidas a tu tiempo devocional, recordando siempre que esto sucederá cuando sea un tiempo de oración privada en el Espíritu Santo y no un mensaje a la iglesia y de darse el caso debe haber interprete.

Recuerdo muchas veces que he intentado conectarme devocionalmente usando las estrategias mencionadas hasta aquí y no funcionaba. Fue el momento en que entendí que estando en la tierra, los chillidos de las tinieblas seguirán, por eso tengo que elevarme. En ocasiones, el orar en lenguas será el preámbulo a grandes experiencias devocionales, Iluminación escritural, el incremento del tiempo de oración y el puente a otros dones y manifestaciones del Espíritu Santo.

El salmista, metafóricamente se comparó con un ciervo, animal que no tiene mecanismo de defensa, que cuando descansa en la tierra, está receptivo a que animales o plagas carroñeras le ataquen. Cuando descansa en tierra, está vulnerable a que la flecha de los cazadores le aniquile. Pero cuando subes a las alturas de peñas y montes, las ratas no suben alli, las flechas de los cazadores no le pueden alcanzar. Cuando vivimos ataques como el ciervo, no hay mejor solución que subir a alturas devocionales.

Conserva en los archivos de tu corazón que una forma de entrar en alturas es la oración en lenguas. Cuando asediado por dardos de fuego espiritualmente hablando, ellos serán un preámbulo a momentos de oración intensos, colaborado a erradicar la prisa de tu ser; de modo que puedas concentrarte. También, el orar en lenguas, me ha ayudado a sensibilizar mi mente y espíritu con Dios. Por eso cuando los dardos del adversario sean fuertes, repréndelos y elévate orando en el Espíritu, orando en lenguas. Si los chillidos de las críticas y problemas no te dejan tener una vida devocional fructífera, necesitas elevarte devocionalmente. Si te quedas estacionado en tierra, el chillido seguirá hasta distraerte de tu plan de vuelo, entra en tus alturas orando en lenguas pues, ¡las ratas no soportan las alturas!

«Ora conmigo»

Padre, en el nombre de Jesucristo muéstranos tus secretos. Elévanos a alturas contigo donde las tinieblas no puedan alcanzarnos. Renueva nuestras lenguas, queremos hablar tu lenguaje. Cierra todo paso a dardos de las tinieblas que quieran entorpecer tu voz en nuestras vidas y renueva un espíritu recto dentro de nosotros. Que diversos dones sean desatados en nuestro devocional y que tu manifestación, amado Espíritu Santo, nunca cese en nosotros. En el nombre de Cristo Jesús.

¡Amén!

CRÓNICAS DE UN
Íntimo

«DESDE EL CORAZÓN DE DIOS, EL PRINCIPAL SENTIDO DE LA INTERCESIÓN NO ES EL RITO, MÁS BIEN; BUSCA DESPERTAR A ALGUIEN QUE LE DUELA LO QUE A ÉL LE DUELE Y AME LO QUE EL ESPÍRITU AMA.»

#CODIGOINTIMO
COMPARTE EN:

INTERCESIÓN DE ALTO NIVEL

CAPÍTULO XIII

«Les dijo también: ¿quién de vosotros que tenga un
amigo, va a él a medianoche y le dice: amigo, préstame
tres panes, porque un amigo mío ha venido a mí de viaje,
y no tengo qué ponerle delante; y aquél, respondiendo
desde adentro, le dice: no me molestes; la puerta ya está
cerrada, y mis niños están conmigo en cama; no puedo
levantarme, y dártelos? os digo, que aunque no se levante
a dárselos por ser su amigo, sin embargo por su
importunidad se levantará y le dará todo lo que necesite.
Y yo os digo: pedid, y se os dará; buscad, y hallaréis;
llamad, y se os abrirá. Porque todo aquel que pide, recibe;
y el que busca, halla; y al que llama, se le abrirá»
(Lucas 11:5-10).

*En un pequeña ciudad un humilde predicador fue llamado por
Dios a compartir las buenas nuevas del evangelio con una
comunidad que había vetado la práctica libre de la religión. Por
encima de este obstáculo, obedeciendo aquella orden divina que*

consumía su ser, este predicador se aventura a hacer misiones en dicha comunidad. Al cabo de unas horas de intenso evangelismo, las autoridades de aquella ciudad, le prendieron y le encarcelaron en la penitenciaria principal del condado. Cuando la familia de este predicador se enteró de lo sucedido, viajaron hasta este pueblo para exigir la liberación inmediata de este ministro. Sus familiares realizaron protestas frente a aquella cárcel, pero aún así, no le dejaron libre, todos sus esfuerzos fueron infructuosos. La esposa embarazada de este predicador, logró reunirse con uno de los Jueces que atendía aquella cárcel, rogó delante de él por la libertad de su esposo, pero su esfuerzo nuevamente, fue en vano. Algunos días después un joven escuchó la noticia acerca de aquella mujer embarazada que exigía la libertad de su esposo, cuyo único delito fue compartir el amor de Dios con dicha comunidad. Al darse por enterado se indignó y llegó a la cárcel reseñada en la noticia, habló con el juez y en quince minutos ya tenía consigo de brazo al predicador. Sorprendida la mujer con lo aquel joven anónimo había logrado, le dijo:

—Tenía semanas intentando y nada ¿Cómo fue esto posible para ti?.

A lo que el joven le contesta:

—¡Sencillo!, usted pedía su libertad como esposa del predicador; mas yo la solicité como hijo del máximo mandatario–. Y sin decir más se marchó.

Un periodista sorprendido cubría la noticia al acercarse al predicador le pregunta:—¿Conoce usted a ese joven? — pregunta el reportero, —no, primera vez que le veo— responde el predicador, —pues sepa que ese joven, es el hijo del alcalde de esta ciudad— respondió el reportero. Ese día murmullos atestaron los pasillos de aquella cárcel, pues entre los presos y oficiales se rumoraba, que el predicador había quedado libre por una intercesión de alto nivel.

EL CÓDIGO DE LA INTERCESIÓN

idelidad y compasión me consumen para redactar este capítulo, ya que contiene un sentir espiritual (si así le puede describir), un inciso descodificado en un momento donde sentí atrapar la atención de Dios y no le deje escabullirse. Redacto estas estrofas mientras intercedo por ti, creyendo que el Espíritu Santo puede interrumpir tu lectura para hacerte rebosar de su presencia. Por esto quiero que haga un acuerdo conmigo. Lea este capítulo entendiendo que en cualquier momento el Espíritu Santo le puede sorprender.

La escritura mantiene un tema en concreto, centrado en el aspecto de que quien debe buscar a Dios es el hombre; Jeremias (29:13) «*y me buscaras y me hallaras*», Solo en dos ocaciones en particular; Dios se sale del marco de ser buscado; para ser el que busca. Cuando busca un adorador y a un intercesor. Como referencia a este punto la palabra de Dios nos enseña: «*Porque verdaderos adoradores busca el padre...*(Juan4:23-24 RV60)», «*... y busque entre ellos hombre que hiciera brecha delante de mi a favor de la tierra...*(Ezequiel 22:30)». Es importante saber que para Dios como es de importante un adorador, de igual forma lo es un intercesor. Definiré lo que es intercesión para que podamos internalizar lo que el Espíritu nos quiere enseñar. La intercesión se puede definir como: el acto de mediar por otros o el acto de demandar un cambio en una decisión de un juez o autoridad. Reconocemos que cuando un tribuno terrenal emite una sentencia, ésta es irrevocable a menos que una apelación proceda a reabrir el análisis de susodicho caso. Y así, luego de un profundo escrutinio, y la muestra de la prueba, cambiar la sentencia; no porque el juez se haya equivocado, sino porque le hemos traído a colación otro punto de vista u otras pruebas a través del proceso apelativo.

Desde esta óptica quiero presentar la autoridad del que intercede delante de Dios. En primer lugar, debemos comprender que la intercesión tiene diversidad de estados y operaciones, ¡no niveles!, sino estados. Un nivel te conecta con otro, pero en el estado y operación no necesariamente lo uno está conectado con lo otro. En el evangelio de Lucas capítulo once, se nos presenta una demanda de los discípulos:

> «*Aconteció que estaba Jesús orando en un lugar, y cuando terminó, uno de sus discípulos le dijo: Señor, enséñanos a orar...*» (Lucas 11:1).

Y es aquí donde Jesús les entrega el modelo de oración,

> «*Cuando oréis, decid: Padre nuestro que estás en los cielos, santificado sea tu nombre. Venga tu reino. Hágase tu voluntad, como en el cielo, así también en la tierra. El pan nuestro de cada día, dánoslo hoy. Y perdónanos nuestros pecados, porque también nosotros perdonamos a todos los que nos deben. Y no nos metas en tentación, más líbranos del mal*» (vs. 1-4).

El capítulo continúa mostrándonos otro modelo de oración, esta vez Jesús les entrega a sus discípulos un modelo de intercesión; dos enseñanzas unidas por una idea central, el método de acercamiento a Dios.

> «*Les dijo también: ¿Quién de vosotros que tenga un amigo, va a él a medianoche y le dice: Amigo, préstame tres panes, porque un amigo mío ha venido a mí de viaje, y no tengo qué ponerle delante; y aquél, respondiendo desde adentro, le*

> *dice: No me molestes; la puerta ya está cerrada, y mis niños*
> *están conmigo en cama; no puedo levantarme, y dártelos,*
> *Os digo, que aunque no se levante a dárselos por ser su*
> *amigo, sin embargo por su importunidad se levantará y le*
> *dará todo lo que necesite. Y yo os digo: Pedid, y se os dará;*
> *buscad, y hallaréis; llamad, y se os abrirá. Porque todo*
> *aquel que pide, recibe; y el que busca, halla; y al que llama,*
> *se le abrirá»* (vs. 5-10).

Hay tres estados de acercamiento a Dios que Jesús nos mostró. En primer lugar, presenta un acercamiento como perrillo o esclavo (Jueces 1:7; Mateo 15:27; Marcos 7:28). En segundo lugar, nos podemos acercar a Dios como hijos (Mateo 5:9,45; 7:9-11; Marcos 7:27; Lucas 15:11-32). En tercer lugar, Dios nos da el privilegio y la oportunidad de venir a Él como amigos (Lucas 14:10; Juan 15:13; Juan 15:15).

Lo principal que Jesús identifica en esta parábola es la identidad de quién se acerca en intercesión, *un amigo*. En susodicho versículo, Jesús afirma que el que se acerca en estado de amigo, no se acerca para su propio beneficio; más bien se acerca para el beneficio de otro. Por eso la parábola ilustra a *un amigo que va a medianoche dice:*

1. *Amigo, préstame tres panes...* [la petición establecida],
2. *Porque un amigo mío ha venido a mí de viaje...* [para beneficio de otro],
3. *Y no tengo qué ponerle delante...* [reconocimiento de insuficiencia ante la suficiencia de ese amigo].

Jesús en este verso señala que este amigo que posee el pan, también es padre y tiene a sus hijos en casa, pero aún así por la importunidad de un amigo se levantaría y entregaría lo necesario.

El diccionario (DRAE) define la palabra importunar como: «incomodar o insistir con una pretensión o solicitud».

Por tanto, la intercesión bíblica o el acercamiento a Dios, en un estado de amistad, debe ser insistente y solícito para el beneficio de otros. La Biblia nos identifica un hombre que Dios mismo le llamó amigo, ese hombre fue Abraham, quien realizó la primera oración de intercesión clara que nos ofrece el Antiguo Testamento. Al mismo tiempo es tal vez, la oración de mayor confianza que un intercesor dirige a Dios en la historia. Allí vemos a Dios cambiar el veredicto hecho sobre todos los habitantes de Sodoma, cuando preserva la vida del sobrino de Abraham [Lot]. Una clara intercesión de un amigo que el beneficio no seria para si mismo, sino para otro (Génesis 18:16-33).

Regresemos a la porción de Lucas capítulo once; notemos que el amigo solicita tres panes, los cuales simbolizan: salvación, perdón y autoridad. ¡Esa es la clave oculta!, de esto trata la intercesión, de buscar pan para otro. Jesús trae esta parábola, para adiestrarles en la perseverancia. Tres panes que en el libro de los Hechos, vemos a los apóstoles buscar estas tres porciones de la gracia divina, pues cada vez que los discípulos oraban rogaban por denuedo para salvación esa es la primera ración. Redención, porque rogaban por el perdón de los pecados es es la segunda ración. Y autoridad, cuando imponían sus manos sobre los creyentes para el bautismo de autoridad y poder en el Espíritu Santo, que cumple con ser la tercera ración de pan presentado por Jesucristo en su parábola, ya debidamente mencionada.

El estado de intercesión como hijo, nos es presentado en versos subsiguientes,

«¿Quién de vosotros, si su hijo le pide pan, le dará una piedra?
¿O si pescado, en lugar de pescado, le dará una serpiente?»
(Lucas 11:11).

El paralítico, antes de recibir sanidad, Jesús cambió su estado de desvalido a hijo delante de los hombres con una declaración diciéndole: ¡hijo!. Porque el beneficio de la sanidad es para los hijos. Vea como dice Mateo 9:2; «*Y sucedió que le trajeron un paralítico, tendido sobre una cama; y al ver Jesús la fe de ellos dijo al paralítico: ten ánimo, hijo; tus pecados te son perdonados*». Si nota, le insta a recobrar el ánimo y cambió su estatus de desvalido a hijo, pues los hijos en intercesión tienen herencia, tienen privilegios, tienen derechos, tienen responsabilidad de obedecer a su padre, eso es una intercesión de alto nivel.

¿GUERRA O COMBATE?

La Biblia nos presenta las diversidades de la intercesión, entre ellas vemos el **combate** espiritual, ¡y note!, hago énfasis en combate y no guerra por una sencilla razón. Las sagradas escrituras no nos hablan de que no tenemos guerra contra sangre ni carne, el termino que se usó en este verso fue lucha y no guerra (Efesios 6:12). Esto es porque la guerra es un enfrentamiento continuo hasta que una de las partes muere. La lucha o el combate, según el diccionario (DRAE), *es un enfrentamiento o un esfuerzo por lapsos, que se hace para resistir a una fuerza hostil o a una tentación, para subsistir o alcanzar algún objetivo.* Hago esta salvedad porque algunos de nuestros hermanos se obsesionan con la guerra espiritual creando tendencia a los excesos y por esto no pueden disfrutar de una vida plena en Cristo. En todo tiempo están predispuestos a una actividad demoniaca, todo gira alrededor de los demonios y ese no es el propósito del combate espiritual. El beneficio de susodicho combate o lucha espiritual es exclusivamente la libertad de quien está oprimido, el cambio de derecho legal sobre un territorio y la manifestación de la voluntad perfecta y absoluta de Dios.

He tenido la experiencia, en lágrimas, de interceder por las vidas perdidas; usándome de las herramientas que hoy les presento. Me he maravillado en Cristo al conocer que aún a distancia las personas son liberadas del poder de las tinieblas; amigos que no podían abandonar los vicios, ser totalmente liberados de los mismos, entrando en terreno espiritual delante de Dios por ellos en lágrimas, sintiendo sus cargas y problemas. He podido entrar en una intercesión de alto nivel.

LA INTERCESIÓN DE ALTO NIVEL EN LA BIBLIA

La Escritura, nos presenta la diversidad de la intercesión para poder alcanzar un alto nivel. Pareciese desde nuestra perspectiva que interceder y clamar son lo mismo, pero no es así. Cuando alguien intercede lo hace desde una postura de humildad, totalmente identificado con el dolor del intervenido en oración para beneficio del mismo como ya explicamos al inicio de este capítulo; mas cuando se clama se hace desde una condición de desespero y en la mayoría de los casos a la búsqueda de un beneficio propio.

A continuación, algunos ejemplos bíblicos de lo antes señalado:

Intercesión operando con autoridad: La intercesión en autoridad, se realiza desde un estado de hijo, con humildad, pero reconociendo tus derechos legales espiritualmente hablando, por medio de la sangre de Cristo. Un buen ejemplo es la oración del profeta Elías por resurrección del hijo de la viuda.

> *«...aconteció que cayó enfermo el hijo del ama de la casa; y la enfermedad fue tan grave que no quedó en él aliento... Elías le dijo: dame acá a tu hijo. Entonces él lo tomó de su regazo, y lo llevó al aposento donde él estaba, y lo puso sobre su cama. Y clamando a Jehová, dijo: Jehová Dios mío, ¿aún a la viuda en cuya casa estoy hospedado has afligido,*

haciéndole morir su hijo? Y se tendió sobre el niño tres
veces, y clamó a Jehová y dijo: Jehová Dios mío, te ruego
que hagas volver el alma de este niño a él. Y Jehová oyó la
voz de Elías, y el alma del niño volvió a él, y revivió» (1
Reyes 17:17-22).

Clamor de combate espiritual: Momentos donde entramos en
terreno enemigo, terreno hostil, sea de presencia corpórea o
espiritualmente, a través de la oración de intercesión. Un buen
ejemplo es la oración del profeta Elías por el triunfo sobre Baal.

«Cuando llegó la hora de ofrecerse el holocausto, se acercó el
profeta Elías y dijo: Jehová Dios de Abraham, de Isaac y de
Israel, sea hoy manifiesto que tú eres Dios en Israel, y que
yo soy tu siervo, y que por mandato tuyo he hecho todas
estas cosas. Respóndeme, Jehová, respóndeme, para que
conozca este pueblo que tú, oh Jehová, eres el Dios, y que tú
vuelves a ti el corazón de ellos. Entonces cayó fuego de
Jehová, y consumió el holocausto, la leña, las piedras y el
polvo, y aún lamió el agua que estaba en la zanja. Viéndolo
todo el pueblo, se postraron y dijeron: ¡Jehová es el Dios,
Jehová es el Dios!» (1 Reyes 18:36-39).

El combate espiritual, tiene dos incisos que consideraremos a
continuación:

Declaraciones. *«Todo valle sea alzado, y bájese todo monte y collado:*
y lo torcido se enderece, y lo áspero se allane» (Isaías 40:4). *«...vive*
Jehová Dios de Israel, en cuya presencia estoy, que no habrá lluvia ni
rocío en estos años, sino por mi palabra» (1 Reyes 17:1).

Represión. El combate espiritual aparece en la Biblia de dos
formas, como una declaración de autoridad y como una oración
de represión, es de saber que la oración de represión es soli-
citar la autoridad de Dios sobre mí para que el mismo Dios

reprenda al adversario. Un buen ejemplo de esto está en Judas 9; *«Pero cuando el arcángel Miguel contendía con el diablo, disputando con él por el cuerpo de Moisés, no se atrevió a proferir juicio de maldición contra él, sino que dijo: el Señor te reprenda»*. Mas la declaración de reprensión; es usarme de la autoridad conferida por Cristo, bajo la sumisión y guianza del Espíritu Santo, para derrocar autoridades espirituales y la comisión dada sea consolidada.

Clamor memorial: En esta intercesión se le solicita con humildad a Dios activar su memoria por nuestras ofrendas, acciones, benevolencia y piedad. La Biblia nos autoriza como amigos de Dios, recordarle sus promesas. La oración de Ezequías es un buen ejemplo. *«En aquellos días Ezequías enfermó de muerte. Y vino a él el profeta Isaías hijo de Amoz, y le dijo: Jehová dice así: Ordena tu casa, porque morirás, y no vivirás. Entonces volvió Ezequías su rostro a la pared, e hizo oración a Jehová, y dijo: Oh Jehová, te ruego que te acuerdes ahora que he andado delante de ti en verdad y con íntegro corazón, y que he hecho lo que ha sido agradable delante de tus ojos. Y lloró Ezequías con gran lloro. Entonces vino palabra de Jehová a Isaías, diciendo: Ve y di a Ezequías: Jehová Dios de David tu padre dice así: He oído tu oración, y visto tus lágrimas; he aquí que yo añado a tus días quince años»* (Isaías 38:1-5).

Intercesión por sanidad: Momentos donde se intercede desde una condición de amigo de Dios, para quebrantar lazos de enfermedad u otras calamidades como: el temor, la duda, la angustia, la ansiedad, la pobreza, la depresión y otros que tratan de estorbar la edificación del cuerpo de Cristo. Un buen ejemplo es el acto de rompimiento de enfermedad en oración que se presenta en la epístola a Santiago: *«¿Está alguno enfermo entre vosotros? llame a los ancianos de la iglesia, y oren por él, ungiéndole con aceite en el nombre del Señor. Y la oración de fe salvará al enfermo, y el Señor lo levantará; y si hubiere cometido pecados, le serán perdonados. Confesaos vuestras ofensas unos a otros, y orad unos por otros, para que seáis sanados. La oración eficaz del justo puede mucho»* (Santiago 5:14-16).

Oración por petición. Clamor reverente en un estado de hijo, donde se invita a Dios a darnos no para beneficio propio; más bien, para el cuidado de lo que ha puesto en nuestras manos. Un buen ejemplo es la oración de Salomón por sabiduría: *«Y se le apareció Jehová a Salomón en Gabaón una noche en sueños, y le dijo Dios: Pide lo que quieras que yo te dé. Y Salomón dijo: Tú hiciste gran misericordia a tu siervo David mi padre, porque él anduvo delante de ti en verdad, en justicia, y con rectitud de corazón para contigo; y tú le has reservado esta tu gran misericordia, en que le diste hijo que se sentase en su trono, como sucede en este día. Ahora pues, Jehová Dios mío, tú me has puesto a mí tu siervo por rey en lugar de David mi padre; y yo soy joven, y no sé cómo entrar ni salir. Y tu siervo está en medio de tu pueblo al cual tú escogiste; un pueblo grande, que no se puede contar ni numerar por su multitud. Da, pues, a tu siervo corazón entendido para juzgar a tu pueblo, y para discernir entre lo bueno y lo malo; porque ¿quién podrá gobernar este tu pueblo tan grande? Y agradó delante del Señor que Salomón pidiese esto»* (1 Reyes 3:5-10).

Clamor por cobertura divina. El ejemplo de este clamor es la oración de Josafat por protección.

«Entonces Josafat se puso en pie en la asamblea de Judá y de Jerusalén, en la casa de Jehová delante del atrio nuevo; y dijo: Jehová Dios de nuestros padres, ¿no eres tú Dios en los cielos, y tienes dominio sobre todos los reinos de las naciones? ¿No está en tu mano tal fuerza y poder, que no hay quien te resista? Dios nuestro, ¿no echaste tú los moradores de esta tierra delante de tu pueblo Israel, y la diste a la descendencia de Abraham tu amigo para siempre? y ellos han habitado en ella, y te han edificado en ella santuario a tu nombre, diciendo: si mal viniere sobre

nosotros, o espada de castigo, o pestilencia, o hambre, nos presentaremos delante de esta casa, y delante de ti (porque tu nombre está en esta casa), y a causa de nuestras tribulaciones clamaremos a ti, y tú nos oirás y salvarás. Ahora, pues, he aquí los hijos de Amón y de Moab, y los del monte de Seir, a cuya tierra no quisiste que pasase Israel cuando venía de la tierra de Egipto, sino que se apartase de ellos, y no los destruyese; he aquí ellos nos dan el pago viniendo a arrojarnos de la heredad que tú nos diste en posesión. ¡Oh Dios nuestro! ¿No los juzgarás tú? porque en nosotros no hay fuerza contra tan grande multitud que viene contra nosotros; no sabemos qué hacer, y a ti volvemos nuestros ojos... Y estaba allí Jahaziel... sobre el cual vino el Espíritu de Jehová en medio de la reunión; y dijo: oíd, Judá todo, y vosotros moradores de Jerusalén, y tú, rey Josafat. Jehová os dice así: no temáis ni os amedrentéis delante de esta multitud tan grande, porque no es vuestra la guerra, sino de Dios... No habrá para qué peleéis vosotros en este caso; paraos, estad quietos, y ved la salvación de Jehová con vosotros...» (2 Crónicas 20:5-12,14,15,17).

Demanda y voto reverente. Esta oración queda ejemplificada en la oración de Ana, ella expone su causa en una demanda de justicia ofreciendo a cambio un voto, que en este caso era ofrendar a su hijo Samuel para el servicio a Dios en el templo. Debemos recordar que este acto no puede ser considerado como un medio de "torcerle el brazo a Dios", pues él es muy meticuloso en analizar el corazón de quien se acerca con este medio. Por lo general resulta ser un acto espontáneo, mas que premeditado.

«... ella con amargura de alma oró a Jehová, y lloró abundantemente. E hizo voto diciendo: Jehová de los ejércitos, si te dignares mirar a la aflicción de tu sierva, y te

acordares de mí, y no te olvidares de tu sierva, sino que dieres a tu sierva un hijo varón, yo lo dedicaré a Jehová todos los días de su vida, y no pasará navaja sobre su cabeza... y Elcana se llegó a Ana su mujer, y Jehová se acordó de ella... dio a luz un hijo, y le puso por nombre Samuel, diciendo: por cuanto lo pedí a Jehová» (1 Samuel 1:10,11,19,20).

Clamor por prosperidad. La oración de Jabes nos da el ejemplo. *«E invocó Jabes al Dios de Israel, diciendo: ¡oh, si me dieras bendición, y ensancharas mi territorio, y si tu mano estuviera conmigo, y me libraras de mal, para que no me dañe! y le otorgó Dios lo que pidió»* (1 Crónicas 4:10).

Intercesión por visión espiritual o discernimiento. Es la oración donde Dios muestra lo oculto, es la intercesión rogando que Dios le muestre o le revele a otros, por lo regular en este tipo de intercesión, Dios activa el don de discernimiento para dar a conocer los riesgos cuando se está frente a un peligro, revelando las intenciones del corazón de aquellos que quieren infringirte algún daño. Es la revelación de algo manifiesto en el mundo espiritual o una respuesta divina que no se ve a simple vista. Un buen ejemplo es la oración de Eliseo por visión espiritual para su siervo. *«Él le dijo: No tengas miedo, porque más son los que están con nosotros que los que están con ellos. Y oró Eliseo, y dijo: te ruego, oh Jehová, que abras sus ojos para que vea. Entonces Jehová abrió los ojos del criado, y miró; y he aquí que el monte estaba lleno de gente de a caballo, y de carros de fuego alrededor de Eliseo»* (2 Reyes 6:16,17).

Otro buen ejemplo es la oración de Daniel por revelación:

«A ti, oh Dios de mis padres, te doy gracias y te alabo, porque me has dado sabiduría y fuerza, y ahora me has revelado lo

que te pedimos; pues nos has dado a conocer el asunto del rey» (Daniel 2:23).

Clamor por liberación. La oración de Jonás nos muestra un ejemplo de liberación.

«Entonces oró Jonás a Jehová su Dios desde el vientre del pez, y dijo: Invoqué en mi angustia a Jehová, y él me oyó; desde el seno del Seol clamé, y mi voz oíste. Me echaste a lo profundo, en medio de los mares, y me rodeó la corriente; todas tus ondas y tus olas pasaron sobre mí. Entonces dije: desechado soy de delante de tus ojos; mas aún veré tu santo templo. Las aguas me rodearon hasta el alma, rodeóme el abismo; el alga se enredó a mi cabeza. Descendí a los cimientos de los montes; la tierra echó sus cerrojos sobre mí para siempre; mas tú sacaste mi vida de la sepultura, oh Jehová Dios mío. Cuando mi alma desfallecía en mí, me acordé de Jehová, y mi oración llegó hasta ti en tu santo templo. Los que siguen vanidades ilusorias, su misericordia abandonan. Mas yo con voz de alabanza te ofreceré sacrificios; pagaré lo que prometí. La salvación es de Jehová. Y mandó Jehová al pez, y vomitó a Jonás en tierra» (Jonás 2:1-10).

INTERCESIÓN POR LAS PERSONAS A NUESTRO CUIDADO.

En el evangelio según Juan, su capítulo 17:1-26, Nos es ilustrada una intercesión por aquellos que ejercemos influencia. En esta oración, Cristo intercede con argumentos específicos tales como:

- *«Padre, la hora ha llegado...» La misma* resalta el

entendimiento de el tiempo prefecto de sus discípulos, como quien anuncia que algo esta listo.

- *«..glorifica a tu hijo, para que también tu hijo te glorifique a ti..»* Se nos revela la necesidad que Cristo sea glorificado como propósito de nuestra intercesión.

- *«..que te conozcan a ti..»* Puntualiza el fin; es decir el objetivo de nuestra intercesión, que conozcan el único Dios.

- *«..Yo ruego por ellos; no ruego por el mundo, sino por los que me diste.»* Jesús en esta expresión busca que re enfoquemos nuestra atención a los que nos fueron dados, Es decir, en ocaciones nos centramos en personas que no nos fueron dadas por Dios para cuidado, y nos frustramos por que no vemos la respuesta de Dios sobre ellos; de hecho, nunca podremos ver dicha respuesta, pues a quien Dios le dará respuesta y la oportunidad de verla será «a quien le han sido dados» Permítame antes de cerrar este principio aclarar que por nada intenciono enseñar que usted no debe orar por los que no le han sido dados; mas bien, señalo que la expectativa de los resultados de tu oración no debe ser tuya, sino de quien Dios le ha dado la responsabilidad de ser mentor y dirigirlo. De no conocerse esto nuestras intercesiones parecerán no ser efectivas al no ser testigos de la respuesta, la razón es sencillamente por que a ti no te fueron dados.

- *«Padre santo, a los que me has dado, guárdalos en tu nombre, para que sean uno..»* Cristo nos modela el orar por unidad, en aquellos que están bajo nuestro cuidado.

- *«No ruego que los quites del mundo, sino que los guardes del mal.» No los enajenes de las realidades de este vida solo presérvalos.*

- *«Santifícalos en tu verdad...» Jesus nos enseña que debemos interceder por el proceso de santificación en aquellos que están bajo nuestro cuidado.*

- *«Mas no ruego solamente por éstos, sino también por los que han de creer en mí por la palabra de ellos...»*
- *«Padre, aquellos que me has dado, quiero que donde yo estoy, también ellos estén conmigo..»*

Clamor de entrega. La oración de Jesús entregando su voluntad nos lo ejemplifica. *«Yendo un poco adelante, se postró sobre su rostro, orando y diciendo: Padre mío, si es posible, pase de mí esta copa; pero no sea como yo quiero, sino como tú... Otra vez fue, y oró por segunda vez, diciendo: Padre mío, si no puede pasar de mí esta copa sin que yo la beba, hágase tu voluntad»* (Mateo 26:39, 42).

Intersección por perdón. Momento de clamor donde rogamos el perdón para un amigo, familiar o un desconocido que nos agredió u ofendió, el perdón de una nación o de su gobierno. Un buen ejemplo nos es presentado en el libro de Job, cuando éste sacrificaba por el perdón de sus hijos. *«Quizá habrán pecado mis hijos, y habrán blasfemado contra Dios en sus corazones. De esta manera hacía todos los días"* (Job 1:5). Otro ejemplo es también la oración de Jesús. *"Y Jesús decía: Padre, perdónalos, porque no saben lo que hacen...»* (Lucas 23:34).

No busco cauterizarle forzando estos principios como una guía rigurosa de intercesión; más bien pretendo darte a conocer todo lo que puedes en el espíritu provocar, cuando incursionas en esta travesía de construir una vida devocional. Cuando se busca escudriñar lo profundo de Dios a través de una relación intima con el Espíritu Santo es menester conocer algunas de las herramientas que le invitan a permanecer conformidad con nuestra oración, sólo así, oraremos siempre conforme a su voluntad; este es un código espiritual que Dios a conservado por siglos. A medida que tu acercamiento devocional sea mayor, descubrirás cuál temporada de tu vida será práctica para emplear una de estas intercesiones de alto nivel. El Espíritu Santo te mostrará cuándo debes acercarte a Dios en un estado de amigo, buscando el beneficio de otro necesitado, o como hijo, buscando los brazos tiernos, amorosos y misericordiosos de tu Padre celestial. Él mismo depositará una brújula interna que te conduzca sigilo y presteza, a complacer el deseo de nuestro Padre Eterno.

Atrévete a creer en el nombre de Cristo Jesús, en la autoridad que le es conferida a alguien que intercede en el Espíritu; aunque no tengas cerca tus familiares, aunque tus ojos naturales no han visto cambios, aunque te encuentres limitado por tiempo, espacio o distancia; tu intercesión no lo está. Algo se ha comenzado a producir en el mundo espiritual que está trayendo libertad, provisión y sanidad para ti y tu casa en este mismo instante.

El Espíritu Santo ha comenzado a revelar lo oculto que paralizaba el cumplimiento de las promesas de Dios en tu vida, porque, así como aquel joven hijo del alcaide de la ciudad en la anécdota compartida a principio de este escrito, tu también tienes el derecho que otros no tienen. Posees, por los méritos de Cristo, autoridad a través de tu intercesión, de ordenarle al carcelero de almas que las libere (metafóricamente hablando). Principados y potestades no se atemorizan de ti, se atemorizan del Padre que te respalda, al quien tú representas. Así que pide sin temor sabiendo que tu Dios está pronto a responderte.

$$\sim$$

«Ora conmigo»

Padre, en el nombre de Jesús intercedo por todo hijo cautivo y declaro libertad por los méritos de Cristo. Intercedo por toda familia necesitada, declarando tu provisión, que no habrá justo desamparado ni su descendencia mendigará pan. Rogamos, salves los matrimonios. Rompemos toda estrategia de las tinieblas de división, declaramos que arma forjada no prosperará. Reprende, ¡oh Señor! al devorador que trata de empobrecernos espiritual y físicamente. Creemos que tu Espíritu Santo nos guía a toda verdad y justicia. En el nombre de Jesucristo. ¡Amén!

Crónicas de un
Intimo

«NO HAY NADA QUE ATRAIGA MAS
AL ESPÍRITU SANTO, QUE VIVAMOS
UN AVIVAMIENTO DE SANTIDAD»

#CODIGOINTIMO

COMPARTE EN:

AVIVAMIENTO DE SANTIDAD

CAPÍTULO XIV

"La comunión íntima de Jehová es con los que le temen,
Y a ellos hará conocer su pacto."Salmos 25:14 (RVR1960)

"En aquel día, él será tu cimiento seguro, y te proveerá de
una abundante reserva de salvación, sabiduría y
conocimiento; el temor del SEÑOR será tu tesoro."
Isaías 33:6 (NTV)

*El sol ardía mas que nunca esa mañana, las temperaturas
llegaban a alturas asfixiantes. Aun así, se cumplió la misión,
reclutar a un grupo de mercenarios que nunca hubiesen sido
domados por el temor. El reto, escalofriante, un laberinto esca-
broso que custodiaba un tesoro que nadie había logrado redimir
con vida. La búsqueda, resultaba ser algo paradójica, pues se
entraba a aquel laberinto para encontrar el tesoro, y encontrar
el tesoro era la única forma de salir de aquel laberinto. Los
engaños de este laberinto eran muchos. Bestias feroces, trampas
de arena y múltiples pasillos sin salida que quien erraba*

entrando a alguno, era automáticamente traspasado por una lanza. El objetivo, encontrar el tesoro y salir con vida. Para ellos era un error tener temor, pues pensaban que este sentir les aturdiría y perderían el sentido de dirección llevándolos a una inevitable muerte. Uno a uno fueron víctimas de estas trampas, pero ninguno de ellos dejaba escapar ni una pizca de temor. Mientras avanzaba el día seguían cayendo aquellos hombres fieros; hasta quedar uno solo. Uno de los hombres encontró el tesoro y sobrevivió milagrosamente al laberinto. Años después alguien al escucharle relatar semejante historia, por curiosidad preguntó: −¿Como logró salir del laberinto?−. Este hombre no tubo otra alternativa que confesar que recuperar el tesoro fue la clave. Aun así, esta respuesta no logro mermar la curiosidad de aquel oyente e insistió preguntando:

−¿Podría saber cual era el tesoro en el interior de aquel cofre?−.

−Por supuesto− respondió el anciano mercenario y continuó su explicación:

−En su interior solo había un papel escrito que decía: para que puedas escapar de este laberinto, llevándote tu mas preciado tesoro; tu propia vida, necesitas recuperar el temor−.

El temor fue el tesoro recuperado, que me hizo consciente y alerta ante las trampas de aquel laberinto. Fue lo que me hizo despertar a la realidad (Continuó explicando el mercenario) que no todo esta bajo mi control. Entendí ese día que el temor es el tesoro a recuperar cuando se esta bajo peligro.

∼

RECUPERANDO EL TESORO

*O*rientados a la labor pastoral, debimos haber percibido en algún instante las continuas exhortaciones a unirnos en oración por un avivamiento. Palabras proféticas son desatadas por nuestros ministros a la espera de lo que será un nuevo despertar de la iglesia. Aunque es inminente el continuo cumplimiento de lo dicho en la palabra de Dios por labios del profeta Joel (Joel 2:28), confirmado luego en los Hechos de los apóstoles (Hechos 2:17). Necesitamos ser realistas en el aspecto de que el creyente actual atraviesa una crisis de apatía al compromiso; algunos pareciesen estar tan saciados de la presencia del Espíritu Santo, perdiendo así, el temor reverente.

El temor de Dios en algunos cristianos se ha escapado con sigilo; como a quien se le escurre el agua por los dedos. Nos encontramos deseando un caudal de manifestaciones prodigiosas del cielo. Clamamos para que paralíticos se levanten de sillas de ruedas, que ciegos reciban la vista y la gloria de Dios sea palpable en nuestras reuniones. Algunos gritamos desde nuestras trincheras ¡Manifiéstate Espíritu Santo!, pero él, reacciona con un susurro distante que nos dice:

–*¡Iglesia manifiesta tu santidad!, Necesitas avivarte en tu Santidad, recupera el temor reverente* –.

Uno de los principios de comunión íntima descodificado para nosotros por el Espíritu, es la necesidad de recuperar ese temor reverente. El salmista nos descodifica este principio diciendo:

«*La comunión íntima de Jehová es con los que le temen a ellos hará conocer...*» Salmos 25:14 (RVR1960)

En otras Palabras; para que haya íntima comunión y Dios te haga conocer su voluntad, debe estar alojado en tu alma, el temor reverente.

Analice lo siguiente. En el caso del temor a diferencia del perdón; Dios nos deja entender su función devocional en el pasaje antes mencionado. Note que el verso no nos presenta obstáculos ni obstrucciones en la oración de aquellos que han sido consumidos por su temor reverente; a diferencia del que trata de orar sin primero perdonar, mencionando la escritura que sus oraciones tendrán estorbo. En este particular podríamos interpretar, que Dios nos quiere enseñar que para orar sin resultados no necesitas temerle; mas para ser escuchado y vivir una comunión íntima de modo que sus métodos soberanos(Pactos) te sean dados a conocer, necesitamos ser consumidos por su temor reverente.

Nada mejor ilustrado que este párrafo escrito a los hebreos:

> «Y Cristo, en los días de su carne, ofreciendo ruegos y súplicas con gran clamor y lágrimas al que le podía librar de la muerte, fue oído a causa de su *temor reverente*.» Hebreos 5:7 (RVR1960)

Necesitamos diferenciar estos dos conceptos, el miedo y el temor significan lo mismo pues cuando usted tiene miedo no ama, mas sin embargo usted respeta con devoción cuando teme reverentemente. En Genesis capítulo nueve verso son separados por orden De Dios al decir: «*El temor y el miedo* de vosotros estará sobre ellos» En el griego se define de dos formas: *eulábeia*[1], que traduce como respeto religioso y *fobos*, que se traduce como alarma o susto. *fobos*[2], es usado en en primera de Juan [1 Juan 4:18] para decir «*El perfecto amor echa fuera el miedo*» Por esto a mi entender son mas certeras aquellas versiones que traducen este verso como miedo o fobia. Cuando somos alumbrados al perfecto amor no hay espacio para el miedo; mas bien, honramos a Dios manifestando un temor reverente.Temor arraigado a las bases de la gracia; pues muchos han malinterpretado el propósito de esta herramienta estorbando el disfrute de la presencia de Dios.

Me atrevería a decir que multitudes decidieron buscar a Dios impulsados por el miedo; mas luego de haber comenzado una relación con Dios, en algunos su miedo nunca sufrió una transición de 'miedo' a 'temor reverente'. Esta transición nos garantiza la transformación de nuestro pensamiento; pues algunos comenzaron a servir al Señor por temor al castigo; pero al ser transformados por el conocimiento de los favores de la gracia, aprendieron a ser esclavos por amor (Temor reverente) y no por miedo.

Si todavía vives en la dimensión del servicio por miedo, con facilidad el día que Dios te procese y no entiendas te tornaras a la rebeldía; porque el sometimiento por miedo produce rebeldía; mas la entrega por temor reverente produce rendición.

EL TEMOR REVERENTE LLAVE DE AVIVAMIENTOS

Ahora bien, en contra parte, nos amenaza el peligro de estar tan acostumbrados a las manifestaciones de Dios y practicas devocionales que en nuestra comodidad perdamos ese temor reverente.

Una de las formas de avivar nuestro temor reverente, parte de practicas aparentemente insignificantes; las cuales enumeraré para facilitar su comprensión:

1. *No ausentarte a las citas divinas pautadas por el Espíritu Santo; me refiero a ese instante cuando el te cita poniendo un deseo de orar en ti.*

Por nada ignores su llamado a conversar contigo, corre a sus pies al instante. El Espíritu Santo es muy oportuno y como Dios conoce con precisión cuando necesitas tener intimidad con él. Haciendo esto le darás testimonio que le temes con fervor y capturarás su atención.

2. *Toma espacios para preguntarle a Dios ¿Te complacen las conversaciones que he tenido en mi diario?.*

Esto le deja entender al Eterno tu deseo de que él posea el

primado en tus conversaciones. Imagine que usted invita a una persona a su casa y durante su visita usted esta envuelto en una llamada telefónica con conversaciones incomodas; de seguro, su invitado querrá marcharse considerándole a usted un mal anfitrión; pues no honró la presencia de este huésped hablando cosas que no debía hablar. De igual forma nosotros somos la casa de Dios (Juan 14:22) y como casas espirituales debemos cuidar que lo que se habla no incomode a nuestro huésped (el Espíritu Santo) metafóricamente hablando. Recuerde que las palabras no solo afectan al receptor, también afectan al emisor (*de la abundancia del corazón habla la boca*).

3. *Aprenda a cuidar los pensamientos que se alojan en su mente.*

Siendo consumidos por el temor de Dios, seremos obligados a estar consientes de lo que pensamos; esto le dejará ver a Dios que queremos sea el Señor de nuestra voluntad y desiciones.

4. *Tome por costumbre preguntarle a Dios antes de salir de su hogar ¿Te complace como estoy vestido(a)? ¿Ha donde me dirijo seré útil para ti Dios?*

Le ruego comprenda con esto no busco hacer culto a la estética, ni menos amarrarle a conceptos legalistas; pero no podemos obviar que esta gesta invita al Espíritu a abrazarte con su comunión intima. La señal principal de que el tesoro del temor reverente a sido recuperado, es no querer que Dios sea excluido de ninguna área de tu vida. Por ínfimo que parezca, muchos buenos creyentes no están dispuesto a quitarles los limites relacionarles al Espíritu de Dios. Tienen vidas cristianas con fronteras, paralizando así su temor reverente.

5. *Aprenda a permanecer juicioso en sus momentos de debilidad.*

«Dijo el que oyó los dichos de Dios, El que vio la visión

del Omnipotente; Caído, pero abiertos los ojos»
(Números 24:4 RVR60)

El Espíritu usó este verso bíblico para descodificar este consejo a mi corazón. Resulta sencillo cuando todo esta bien mostrar sujeción al temor de Dios; pero será mas honroso, cuando este caído o atribulado y aún así puedas permanecer juicioso; esto interpreto del verso al decir: *«Caído, pero abiertos los ojos»*. Me refiero a mantenernos claros de las consecuencias de lo vivido y ser honestos cuando tenemos la culpa; esto atrapará la atención del Espíritu Santo dandole testimonio de que tus errores no alteran tu honestidad.

Una señal del temor a Dios es que nuestra desventaja no caduque nuestra justicia.

Estos cinco simples consejos le ayudaran a avivar su santidad. El desconocimiento de estos principios extinguió la llama del temor reverente de algunos avivamientos de esta era moderna, pero ¡Gloria a Cristo! que en este mismo instante esta despertando en usted el deseo de arder en un temor reverente. He descubierto que los grandes avivamientos manifestados sobre el planeta, estaban protagonizados por personas dispuestas a vivir una relación con el Espíritu Santo sin limites. Hombres y mujeres de la mano del temor reverente, capturaron la atención del Eterno de tal forma que Él mismo declaró: – *'Este mundo no los merecía'* (Hebreos 11:38)–.

Solo así recuperaremos este tesoro y viviremos más que un avivamiento, siendo consumidos (en un sentido generoso) por su amor. Nada atraerá más la presencia del Espíritu Santo a nuestra vida devocional que vivir un avivamiento de santidad.

EL LABERINTO DEL PECADO

No es ninguna sorpresa que nuestro adversario en común y sus secuaces, se encuentren al acecho para que echemos a perder nuestra vida devocional. Debemos internalizar que en esta batalla contra las tinieblas la santidad juega un papel muy importante, pues la escritura señala que al que no peca el maligno no le toca (1 Juan 5:18). Por esto el enemigo busca atraparnos en laberintos espirituales donde logre desenfocarnos y comencemos a juguetear con el pecado.

Si es cierto tenemos montones de debilidades, pero una cosa es luchar con tu debilidad y otra cosa es rendirte ante ella; si juega con el pecado, el pecado no jugará con usted. Estamos en tiempos donde más que nunca el cielo exige de nosotros como hijos de Dios una vida consagrada pura y en santidad. Debemos avivar nuestra santidad pensando continuamente, si con nuestros actos ofendemos al ser mas maravilloso del cosmos.

Si se juega con el pecado, el pecado no jugará con usted.

Si como en la reflexión al pie de este capítulo te has extraviado alguna ves en los laberintos del pecado no te rindas ante el. Si luchas con vicios sexuales o otros tipos de manifestaciones carnales, te ruego, con lágrimas en los ojos no te rindas. En este instante mientras escribo intercedo por ti. Si tienes que cancelar cuentas de redes sociales, cambiar de número telefónico, dejar de frecuentar algunos lugares o dejar de llevarte a tu cuarto cualquier sistema de acceso a la Internet, ¡Hazlo!. En este instante el Espíritu de Dios susurra a tu corazón estas palabras:

– *Estoy perfeccionando tu santidad, por favor no te rindas ante tu debilidad–.*

No sé contra que ramificación de pecado batallas; sean rencores, raíces de amargura, mentira o falsas apariencias, no te rindas. El Espíritu Santo reclama con urgencia la pureza de los que confesamos amarle. Sea la posición que tengas sea que eres ministro, líder o servidor; si estas siendo tentado busca ayuda, ¡por favor no sedas! No te permitas ser uno mas de los que han traído escándalo y descrédito al evangelio; no sigas tratando de ocultarlo, solo apártate de esa conducta antes que salga a la luz. Cuando leas este escrito; tal vez no te conozca, tal vez compartimos ocasionalmente, nos hemos encontrado en un culto, o sencillamente lees esto por que alguien te regaló este libro; Quiero que sepas que estas a tiempo para levantarte y darle la espalda a lo que te esta tentando; oro a Dios por fuerzas para tu vida pues hay muchas cosas en juego. Es tiempo de que dejemos de glorificar la restauración y comencemos a hablar mas de prevención. Si hay caídos restaurémosle con espíritu de mansedumbre, pero enfaticemos la prevención, cuantos hermanos útiles echamos de menos en nuestras iglesias víctimas del laberinto del pecado. Te animo se intensifique tu gemir en el espíritu pidiendo al Padre Eterno perfeccione tu santidad. Pídele que intensifique tu temor reverente, pues como el hombre de la historia al pie del capítulo, es el tesoro a encontrar que preservará nuestra devoción en medio de los laberintos de la vida.

～

«Ora conmigo»
Amado Padre Eterno te ruego me bautices con fuego. Muéstrame como alimentar mi temor reverente. Líbrame de mis debilidades ocultas, perfecciona tu poder sobre ellas, para que pueda ser avivado mi deseo de santidad. Reconozco que dependo de tu ayuda y sin ella nada puedo hacer. En el nombre que es sobre todo nombre, Jesucristo. ¡Amén!

1. *eulábelia.* [εὐλάβεια] tr. temor, precaución religiosamente, piedad. Según el diccionario y concordancia de términos griegos y hebreos [Strong]#2124-20126.

2. *fobos.* En la mitología **griega**, **Fobos** (en **griego** antiguo Φόβος, 'pánico') era la personificación del temor y el horror. Era el hijo de Ares, dios de la guerra, y Afrodita, diosa del amor. Según el diccionario y concordancia de términos griegos y hebreos [Strong]#5401. Ilíada, rapsodia XIII, 298 y sig.

Crónicas de un
Intimo

NADIE PODRÁ CONVENCER A OTRO
QUE CAMBIE, CADA UNO DE
NOSOTROS CUSTODIA UNA PUERTA
DEL CAMBIO, QUE SÓLO PUEDE
ABRIRSE DESDE ADENTRO, DE LA
MANO DEL ESPÍRITU SANTO

(TOMADO DE VIRGINIA SATIR CON ÉNFASIS AÑADIDO)

#CODIGOINTIMODELESPIRITUSANTO

COMPARTE EN:

RECONSTRUYÉNDOME A MI MISMO

CAPÍTULO XV

"Y no vivan ya como vive todo el mundo. Al contrario, cambien de manera de ser y de pensar. Así podrán saber qué es lo que Dios quiere, es decir, todo lo que es bueno, agradable y perfecto" (Romanos 12:2, TLA).

"Jesús les contestó: destruyan este templo y lo reconstruiré en tres días. Ellos le dijeron: para construir este templo se demoraron cuarenta y seis años, ¿y tú vas a construirlo en tres días? Con la palabra templo, Jesús se refería a su propio cuerpo" (Juan 2:19-21, PDT).

Luego de la Segunda Guerra Mundial, el general Douglas MacArthur fue a Japón para evaluar la reedificación de esa nación arrasada por la guerra. La economía estaba desgastada y vivían de las sobras. Cualquier cosa que dijera, 'Made in Japan', era símbolo de baja calidad. Así que el general tuvo a bien enviar a uno de los mejores expertos en control de calidad de los Estados Unidos, el Dr. Edwards Deming, autor de la obra

'Out of the Crisis'. Quien luego de una serie de escrutinios y evaluaciones, llegó a la siguiente conclusión: si ustedes mejoran algo acerca de ustedes mismos y de sus productos cada día y hacen de la calidad un logro y un modo de vida, ustedes revertirán la economía de Japón en diez años. Luego, si continúan mejorando cada día, aunque sea minúsculo, en tres décadas se convertirán en un poder económico mundial. La historia cuenta, que Japón hizo caso al consejo, hasta transformarse en una potencia.

—*Dante Gebel* [1]

∾

LO ÚNICO IMPOSIBLE PARA DIOS

*a*nte la horrible sensación de que perdemos terreno, que algo se ha desgastado y necesita lustre. ¿Que mejor tema para concluir este libro, que recordar el amor inmensurable de Dios?. Durante toda esta travesía hemos descodificado principios bíblicos para una relación saludable con el Espíritu Santo, pero ninguno de ellos resultará relevante si no aceptamos la magnitud del amor de Dios que se recibe por gracia. Por eso permítame afirmar nuevamente el subtema entrante a este párrafo ¡Sí! para Dios hay una sola cosa imposible... *¡dejar de amarnos!.*

Es imperante para que este libro cumpla su comitiva, creas que el amor de Dios esta fluyendo continuamente para ti. Como expliqué en capítulos anteriores, lo único potente para vencer a Dios fue su propio amor. El escritor sagrado, expresa el amor del Eterno escribiendo: «Despojándose así mismo», la escritura no le atribuye nunca un 'imposible a Dios', pero en muchos círculos cristianos hemos perdido de perspectiva un imposible que la escritura le atribuye a Dios, expresado por mano del Apostol Pablo:

> «¿*Quién nos apartará del amor de Cristo? ¿La tribulación, o la angustia, la persecución, el hambre, la indigencia, el peligro, o la violencia? Así está escrito: Por tu causa siempre nos llevan a la muerte; ¡nos tratan como a ovejas para el matadero! Sin embargo, en todo esto somos más que vencedores por medio de aquel que nos amó. Pues estoy convencido de que ni la muerte ni la vida, ni los ángeles ni los demonios, ni lo presente ni lo por venir, ni los poderes, ni lo alto ni lo profundo, ni cosa alguna en toda la creación podrá apartarnos del amor que Dios nos ha manifestado en Cristo Jesús nuestro Señor.» (Romanos 8:35-39).*

Por tal razón, si lo haz intentado y haz fracasado en el intento múltiples veces, te animo a que vuelvas a intentarlo. No desmayes, pues él Espíritu Santo no se cansa de amarte.

PASO A PASO

Permíteme mirar a los ojos de tu alma de manera fija y penetrante, pero a la misma vez, de manera tenue y compasiva. Constantemente me encuentro con hermanos en la fe deseosos de hacer cambios en su vida espiritual, pero con una realidad frente a ellos que les atropella... una realidad llamada 'inconstancia'.

Buscando esbozar mis puntillazos finales, al momento, pueden haber sucedido en usted varias cosas:

- Comenzó motivado con la lectura, y su devoción se intensificó. Estuvo orando fervientemente unos días, pero algo sucedió, las aguas han vuelto a su nivel y se le olvidaron algunos principios, volviendo a batallar con la oración y la vida devocional.

- Tuvo avance en la lectura, al parecerle interesante lo que reflejan estas páginas, y ha entendido que hay que mejorar. Entonces puso en práctica rápidamente los principios compartidos en este libro, esperando ya tener una disciplina espiritual continua, pero deseoso de cambios rápidos, lastimosamente ha tropezado.

- Pudiera ser que en estos escritos, ha encontrado una fuente de agua ilimitada de parte de Dios, que lo ha impulsado a alturas devocionales (espero sea su caso).

Si usted se identifica con los dos primeros escenarios presentados, quiero decirle, aún así, no está lejos de alcanzar la vida devocional que anhela en Cristo.

Recuerdo cuando le entregué mi vida al Señor, quise hacer cambios rápidos que dieran a notar a otros la decisión que había tomado. Deje de usar aretes, modifiqué mi hablar, dejando de usar palabras obscenas, entre otras cosas, que culturalmente en mi país de origen eran útiles para que alguien me identificara como cristiano. Esto me resultó sencillo, lo complicado para mí no fueron los cambios externos; más bien fueron los internos. La disciplina diaria de oración, el carácter, la bondad y la persistencia para un joven de diecisiete años; resultaban ser virtudes inalcanzables. A duras penas conservaba un empleo por tres meses, para mi era muy difícil terminar algo que había comenzado. Todo lo dejaba a medias, si mi madre me pedía cortar el césped lo dejaba a medias; empezaba a practicar un deporte con mucho ímpetu y al cabo de algunos meses lo dejaba a medias y desertaba. En la escuela mientras copiaba un dictado del profesor también lo dejaba a medias, entre otras cosas más. Lo único que no dejaba a medias era la comida, práctica que tomaba con mucha seriedad en aquel entonces. Reafirmo, no fue complicado en nada hacer cambios estéticos, mi problema era terminar lo que comenzaba y luego de terminarlo, mantenerme. Reconocía mi necesidad de cambios, pero esperaba que una fuerza externa los impulsara en mi vida, cambios, que con el tiempo entendí que yo era el responsable de iniciarlos. El apóstol Pablo en la carta a los Romanos nos exhorta diciendo: «*transformaos*» (Romanos 12:1). Transfórmense, como un acto de cambio que no lo realiza Dios, lo auto realizamos nosotros. A esto le llamo: *'reconstruirme a mí mismo'.* En ocasiones sabes que tienes que cambiar, que tienes que levantarte y recibes consejos, pero esperas que algo externo o alguien lo haga por ti. Algo muy importante que debes comprender, es que te toca a ti iniciar los cambios (por supuesto siempre el Espíritu Santo te asistirá), pero tu inicias los cambios. Pongamos en perspectiva dos circunstancias que se oponen a nuestra reconstrucción devocional:

1. La falta de iniciativa.
2. El desespero [Adelantando nuestras etapas en Dios].

Posiblemente también estos sean tu dificultad al construir una vida de devoción plena. Construimos con ligereza y nuestro edificio espiritual se torna inestable, vencemos el pecado por poco tiempo, cambiamos hábitos por poco tiempo, comenzamos a orar con fervor, pero no lo mantenemos; empezamos una lectura bíblica o devocional, pero no la terminamos. Quiero decirte que para esto hay solución, pero usted debe comenzar el proyecto. Hay momentos donde nos edificamos sobre bases inestables, como las costumbres en nuestras familias, la forma en que los sucesos de vida nos empujaron a ser, o con frases conformistas nos atascamos en nuestras debilidades diciendo *"nadie es perfecto".*

Recuerdo que Dios me confrontó en una ocasión con esta mentalidad. Una tarde, ,mientras oraba, sentía una presencia de Dios fuerte en mi ser y cansado de mi inestabilidad espiritual le dije al Señor:

–¿Por qué a veces estoy bien y de momento todo cae?, Ayúdame a ser estable–.

Al instante comenzaron a pasar recuerdos por mi mente como películas, las veces que había comenzado algo y no lo terminaba, uno de esos recuerdos fue cuando a los doce años, comencé a practicar karate, estaba muy motivado, iba fielmente tres días a la semana, pero lo abandoné a los seis meses. Este recuerdo, me frustró más y comencé a decirme a mí mismo: –¡lo ves!, tú nunca has terminado nada–. Pero al instante el Señor me dirigió al verdadero propósito de ese recuerdo; el cual no era atormentarme, más bien era mostrarme donde falló la construcción de mi vida y mi carácter. Me llevó a recordar que cuando comencé a practicar karate, con dos semanas de haber comenzado quería realizar hazañas o técnicas de personas que llevaban años practicando y al ver que no las podía realizar me frustraba y desanimaba. Por consiguiente, abandonaba lo que había comenzado. *¡Maravilloso Dios!*, ese día, el Espíritu de Dios comenzó un proyecto conmigo, Él en la función de arquitecto e ingeniero de mi alma, con su plano y diseño perfecto para mi destino, y yo como el constructor, comencé a reconstruirme a mí mismo sin pausa, pero sin prisa.

Hay momentos donde escuchamos los testimonios de hombres de Dios y sus experiencias en ayuno y oración y pensamos que fueron manifestaciones de Dios de la noche a la mañana e ignoramos el tiempo que tomaron las mismas, la disciplina y la entrega continua de cada uno, para poder vivir estas experiencias con Dios.

Lo ordinario se recibe rápido, pero lo extraordinario toma tiempo.

La Escritura señala una ocasión que Jesús mirando al templo, dijo: *destrúyanlo y en tres días lo vuelvo a construir* (Juan 2:19). Jesucristo dijo esto hablando de su propio cuerpo, haciendo alusión a su proceso de muerte y resurrección. Algo que salta a la vista, es la enseñanza de que una fuerza externa iba a deformar el edificio, pero Jesús mismo se encargaría de reconstruirlo dejándonos saber que en ocasiones fuerzas externas deformarían nuestros proyectos de vida espiritual, pero todo lo deformado o destruido sería levantado nuevamente de manera interna y progresiva. También dijo: *en tres días, sujetándose así al tiempo, aunque tenía poder sobre el mismo*, pues poseyendo todo poder para resucitar aquella misma tarde en que murió, decidió reconstruir, lo que los hombres habían destruido, paso a paso sujetándose al tiempo resucitando al tercer día. Es curioso que en este verso bíblico, Jesús se dirige a los maestros de la ley, como la fuerza externa que se encargaría de destruir su templo, esto nos da a entender un aspecto de la vida espiritual y que muchas son las cosas que tratan de deformar nuestra construcción de vida, tales como: enseñanzas de hombres, malas interpretaciones bíblicas, pésimos ejemplos familiares o costumbres repetidas de manera inconsciente, las cuales se convierten en malos hábitos. Si algo he comprendido en las Sagradas Escrituras, es que la salvación es instantánea, pero la transformación es progresiva. El problema es quererlo todo tan rápido que tropiezes.

Tal vez te preguntes, ¿por qué esperar tantos días para discutir algo práctico que podía discutirse en los primeros capítulos? ¡Sencillo!, la estrategia divina en esta lectura ha sido, primero despertar tu hambre, mostrarte donde reside el conflicto, equiparte con lo necesario y luego darte las estrategias para mantenerlo. He visto cristianos muy buenos, frustrados, viviendo demasiado acelerados y queriendo todo instantáneamente, pero aún así, Dios va trabajando de manera progresiva. Por tanto, hoy te exhorto que todos los principios que te hemos compartido durante esta travesía, los pongas en función, pero de manera progresiva. No te desesperes si todavía no puedes orar, leer la Biblia o adorar largas horas, reconstrúyete paso a paso. Haz cambios pequeños pero duraderos, lo importante es que no te estanques, no tomes tus debilidades como excusa, transfórmate día a día.

El apóstol Pablo nos aconseja, que no nos conformemos a este siglo, sino que nos transformemos, no como una iniciativa del cielo; más bien un acto propio, algo que nos toca a nosotros mismos. Transformémonos alineado con la expresión de Jesús, (*destrúyanme y al tercer día me reconstruiré*).

EL AYUNO COMBUSTIBLE DE RECONSTRUCCIÓN

Una herramienta poderosa para reconstruirnos a nosotros mismos, es el ayuno en oración, siendo este una herramienta de abstención, donde ejercemos dominio sobre nuestra propia carne. No podemos ver por nada el ayuno, como una fuerza para torcerle el brazo a Dios y someterlo a nuestros deseos, ¡No!, tampoco como una moneda de pago para comprar sus favores, ¡Tampoco!. El ayuno en nuestra vida de devoción no se trata de lo que hace por otros; más bien de lo que hace en nosotros. Si miramos el ayuno de manera incorrecta, cuando ayunemos, para que Dios rompa cadenas, sane, liberte, o haga provisión y Dios en su soberana voluntad no lo haga; nos frustraremos y dejaremos nuestra construcción devocional a medias. Si han pasado algunos días y no has recibido respuesta o tal vez te has acercado a Dios esperando una señal que compruebe que Él está contigo o que pruebe su existencia y no la has recibido, no te desesperes; llegará, no cuando tú quieras, pero te aseguro, llegará.

Si has tratado de esforzarte por orar horas y no has podido, por ayunar y no has podido, porque te desesperas y entras en ansiedad por el hambre, ¡tranquilo!, empieza paso a paso. Si no puedes ayunar hasta medio día, hazlo dos horas durante algunas semanas, luego aumenta media hora o una hora más y verás cómo tu construcción de devoción irá mejorando día a día. Al abrir los ojos, te sorprenderás con alturas que tu edificio devocional alcanzará. El apóstol Pablo nos aconseja

«...*desempeñen su ministerio y construyan el cuerpo de Cristo, hasta que todos alcancemos la unidad propia de la fe y del conocimiento del hijo de Dios; hasta que seamos personas cabales; hasta que alcancemos, en madurez y plenitud, la talla de Cristo*» (Efesios 4:12,13, BLP).

Esto enseñó el Señor a mi vida, cuando trajo aquellos recuerdos, no era que fuese rápido en lo que hacía, más bien que fuera firme, aunque progresivo.

CONSTRUYAMOS HÁBITOS ESPIRITUALES PROGRESIVOS

En ocasiones las opiniones y exigencias de otros nos cargan, tristemente he escuchado ministros de este precioso evangelio, criticar al que no puede ayunar hasta medio día o el día completo y en vez de ayudar lo que hacen es destruir; aun así, en este escrito, no pretendo alimentar un estado espiritual mediocre, ¡para nada!, mi deseo es que de manera progresiva construyamos hábitos espirituales no rutinarios.

En una ocasión me sentí inquietado por Dios a entrar en un ayuno prolongado de siete días, pero no sabía nada acerca de la preparación previa al ayuno que tenía que realizar, como cambiar la alimentación dos semanas antes por vegetales, reducir las porciones de las comidas, tener ayunos esporádicos y orar por largos periodos, de modo que no llegara al ayuno de golpe, sino que mi ser ya estuviese preparado de antemano. Recuerdo que de prisa me lancé al ayuno. Había solicitado esa semana de vacaciones en mi empleo, pero por mis responsabilidades con el mismo, tuve que llevarme mi celular y estar al pendiente de las llamadas de mi jefe. A la tarde de mi cuarto día de ayuno entró la llamada de un hermano a mi celular y alegre contesté, pues días anteriores había tenido una experiencia en la que él estaba presente. Cuando contesté la llamada, lo primero que el hermano dijo fue:

–*Estás perdiendo el tiempo en ese ayuno,* cuando estás en ayuno no puedes estar contestando el teléfono–.

No le contesté a sus palabras, sólo guardé silencio, pero había algo que este hermano no sabía, y era que los tres días anteriores, aunque no había hecho mi ayuno con los rudimentos que el hermano entendía que debía hacerse; Dios me tuvo los primeros tres días, de este ayuno intercediendo por este hermano (que ahora me ofendía con su comentario). Intercedí con lágrimas, pero aun así, para él "había perdido mi tiempo". Las palabras de este hermano, me golpearon tan fuerte que al quinto día entregué mi ayuno y regresé a mi hogar.

En esa semana, lo que comenzó como un deseo de acercamiento, ahora era un sentimiento de culpa. Días después, estando en un servicio de mi iglesia, una mujer se me acercó y Dios me habló a través de ella diciendo:

–*El arquitecto de tu vida soy yo, y no los hombres, porque nadie llamará inmundo lo que yo santifiqué en ti, toma ánimo y recons-trúyete–.*

Sus palabras fueron suficientes para entender que Dios recibió mi tiempo de ayuno; y despúes de algunos meses en oración separé unas fechas, donde de manera paulatina, fui haciendo mi ayuno de siete días teniendo experiencias hermosas con la persona del Espíritu Santo.

~

EN CONCLUSIÓN

Para dar a este libro los puntillazos finales; sólo ocúpate de reconstruirte, que tu arquitecto por excelencia sabe lo que hace. El escritor a los Hebreos expresó respecto a Abraham, «*porque esperaba la ciudad que tiene fundamentos, cuyo arquitecto y constructor es Dios*» (Hebreos 11:10). Como anteriormente compartí, vivirás experiencias que tratarán de hacerte sentir inútil, pero, aún así, toma la decisión de mejorar paso a paso, con diligencia, sin una prisa plagada de ansiedad. Acelerados, pero no desenfrenados, con fervor, pero sin desespero, pues nuestro arquitecto es Dios. Así como la estrategia que usó Japón, poco a poco, día a día, en la vida espiritual es lo mismo. Intenta mejorar algo de ti mismo paso a paso, pues los frutos del Espíritu son como semillas; hay que nutrirles con la práctica y el ejercicio para que se desarrollen y maduren; por más que te esfuerces, no podrás alterar el crecimiento natural de la semilla, debes abonarle e hidratarle con paciencia hasta que crezca y alcance su madurez plena dándote frutos. De la misma forma con diminutos cambios en aspectos, como tu manera de expresarte, tus hábitos diarios, tu tiempo de comunión con Dios, el tiempo que dedicas para orar con tu familia; con estos pequeños cambios, pero constantes esfuerzos, alcanzarás una devoción estable. Mejora cada día, aunque sea minúsculo el esfuerzo que hagas, paga el precio más alto que puedas, no importa lo insignificante que parezcan tus esfuerzos ¡sigue!. Tu progreso no lo notarás, pero

¡continúa! sin espacio a retroceder y en menos del tiempo que creas, reconstruirás en ti la comunión que tuvo Adán en Edén, una vida de devoción firme, estable y no intermitente, sólo por comenzar con pequeños cambios, como Japón, te convertirás en una potencia mundial desde un sentido figurado.

Vive día a día aplicando *el código del quebranto*, que te ayudará a descubrir de la mano del Espíritu los *secretos devocionales*, esto te otorgará acceso a muchos más tesoros espirituales escondidos en lo íntimo del corazón de Dios. Cuando te sientas débil recuerda practicar la *alianza devocional* con otros hermanos, de la mano del *código del silencio y la paciencia*. Mantente buscando a Dios a horas inusuales como *la hora novena* y asiendo así, descubrirás a plenitud *el código del descanso*. Ocúpate en renovar tus pensamientos *desintoxicándote devocionalmente,* para que no tengas impedimento cuando debas desechar lo viejo para recibir lo nuevo, en otras palabras, *botar los zapatos viejos.* Mantente abierto a perdonar a otros poniendo en práctica *el código del perdón.* No permitas que *el factor distracción* te robe la oportunidad de *tener sensibilidad e Intimidad espiritual.* Despega a *alturas espirituales* con una *intercesión de alto nivel* que desatará nuevas temporadas para experimentes un *avivamiento de santidad.* Estoy seguro que aplicando todos los principios aprendidos en este libro, podrás vivir *reconstruyéndote a ti mismo.* Por lo demás disfruta tu vida en el Señor. ¡Regocíjate en tu relación con el Espíritu Santo! sabiendo que haz conquistado el corazón de Dios teniendo acceso al *código íntimo del Espíritu Santo.*

～

«Ora conmigo»

Señor Jesús, gracias por ayudarme a completar la lectura de este libro. Ayúdame a poner en práctica los consejos compartidos en el. Permíteme reconstruir lo que ha decaído. Dame las estrategias de cómo insertar tu deseo como Creador y Señor en mi tiempo. Enséñame tú e introdúceme en tu ritmo progresivo. Aleja toda oportunidad inestabilidad en el nombre de Jesucristo. Sólo te anhelo a ti Espíritu Santo. Toma tu lugar en mi vida. En el nombre de Jesucristo. ¡Amén!

---

1. La reflexión al pie de este capítulo es una ilustración escrita por el pastor Dante Gebel, Pastor General de River Church, en Anaheim, California, E.U. Se adapto el texto con un énfasis nuevo por el autor para el uso de la misma en este capítulo.

AGRADECIMIENTOS

~

Quiero agradecer a todo el que de una forma u otra ha colaborado con la expansión del reino de Dios a través de nuestro ministerio.

Agradezco en especial a Gonzalo Ramírez [Zalito], sin Dios primero y sin ti, no podríamos lograr muchas de las cosas que estamos logrando y a William Sosa [Willy], los brazos y el corazón de nuestro ministerio. Ustedes son más que mis amigos, son mi familia, no saben cuanto agradezco a Dios cada día por ustedes.

A todas las iglesias, ministerios y pastores que nos confían sus ovejas para adiestrarlas en nuestra academia de formación ministerial y a su vez nos invitan a sus congregaciones para compartirles una Palabra del corazón de Dios. A ti, amado lector que adquiriendo este libro colaboras con la visión que Dios ha puesto en nuestro corazón y con la expansión del mensaje de nuestro Señor Jesucristo. A ti, ¡muchas gracias!.

ACERCA DEL AUTOR

El evangelista Leuyín García nació en el estado de New York, E.U. Es padre de un hermoso niño y esposo, conferencista, maestro y escritor. Posee una maestría en Teología, aparte de sus múltiples certificaciones como consejero, en la actualidad es ministro de las Asambleas de Dios y reside en Carolina del Norte, E.U. Junto a su esposa, Janeza Pérez fundaron la  Academia de capacitación ministerial y teológica Navegantes de Tormentas. Con un mensaje refrescante, revelador, retante y a la vez impregnado de humildad y sencillez, han alcanzando a miles en Centro América y E.U. por medio de cruzadas evangelísticas, congresos, conferencias, seminarios y otros. Hoy día junto a su familia y equipo de trabajo, emprenden nuevos proyectos para Gloria de Dios.

Si interesa ponerse en contacto con este autor, puede hacerlo a través de estas redes sociales:

facebook.com/Leuyingarcia
Instagram.com/leuyin_ndt
Twitter.com/leuying

SUSCRÍBASE A NUESTRO CANAL DE YOUTUBE
PARA QUE TENGA ACCESO GRATUITO A NUESTRAS ENSEÑANZAS

EN NUESTRO CANAL DISFRUTARÁ DE:

SEMINARIOS

ESTUDIOS BÍBLICOS

PREDICACIONES

ENTREVISTAS

TESTIMONIOS

CONCIERTOS EN VIVO

 YOUTUBE.COM / LEUYIN GARCIA TV

Made in the USA
Middletown, DE
31 October 2023

41624830R00130